中公文庫

金田一先生のことば学入門

金田一秀穂

中央公論新社

目次

金田一先生のことば学入門

1章　いいかげんなコトバ

バベルの塔の言葉

バベルの塔という神話がある。昔、人類はみな同じひとつの言語を使っていた。人間は一致協力、文化を発展させ、そのうち天にも届く高い高いバベルの塔を作り上げた。思い上がった人間を懲らしめるため、神は塔を打ち砕き、人々のお互いの言葉を通じなくさせた。以来、人間は地域によって違う言語を使うようになった。

バベルの塔以前、人は同じひとつの言語を話していたという。普遍的な言語だった、ということは犬や馬と同じである。犬や馬は、どこで生まれ、どこで育っても、同じ言語（？）を話しているようだ。ドイツ育ちの犬と中国育ちの犬でも、出会ってすぐに、ケンカをしたり、愛を語れるらしい。彼ら動物の言語は、相当程度、普遍的であると考えられている。対してバベル以後の人間の言語は、千差万別であって、同じ言語内でさえも、方言の違いがある。

普遍的言語とは、音と意味とのつながり、シニフィアンとシニフィエとの関係が必然的に決定されている、ということである。ある音を聞いたら、すぐにその意味するところがわかってしまうわけだ。ある音がある意味を必然的に表してしまうとすると、ある音の意味は、記憶していなくても、すでに分かってしまうということになる。幼児期に言語を獲得する必要がない。すべての言葉は生まれつき備わっていると言っていい。

このような単一言語の世界を考えてみる――。地上の人間のすべては同じ言語を話すので、外国語の学習に苦しめられなくていい。コミュニケーション・ギャップは、今でも同じ言語人の間でもあるのだから、なくなるわけではないだろうが、しかし、多少は減りそうである。言語の違いが民族の違いを生んでいることが多いのだから、今ある多くの民族的な対立はなくてすむ。言語の歴史的変化もないから、昔の言葉で書かれたソクラテスでも釈迦でも孔子でも、すべて原典ですらすら読むことができる。膨大な過去の知的遺産を、地球上すべての人々が享受できることになる。

私たちの言語は、音と意味とが恣意的につながっている。恣意的であるせいで、私たちはいろいろな苦労をしなくてはならない。

しかし、私たちの言語はそうした欠点があるにもかかわらず、恣意的であらねばならない。なぜか。

新しい言葉

バベルの塔以前、全ての人間は同じひとつの言語をしゃべっていた。ひとつの言語ということは、生まれつきその言葉しか使えないということでもある。そうした世界は、どのようであるのか。

あるモノやコトについての名前が必然的に決められているその世界では、今まで見たことも聞いたこともないものについての名前をつけることができない。あらかじめ遺伝子に組み込まれていないものについては、表現するすべがない。そのコトやモノをどう言っていいのかわからない。

一方、意味と音とが恣意的な関係、つまりいい加減な関係で結ばれている私たちの言語は、初めて見るモノやコトを、どんな音で言ってもかまわない。多くの人の間でその名前が普及すれば、音と意味の結びつきができれば、もうそれでいい。従って、いくらでも新しい言葉を作ることができるし、新しい世界を作り出すことができる。それが人類を今のように発達させたのである。

それでは、すべての言葉をあらかじめ脳内に埋めこんで生まれてくるようにしておけばいいではないかと思うかもしれない。ひとつの言語しか持たない人類は、すべて先天的に、ヤマは山を、アナは穴を意味することを知っていることになる。たとえトロロを見たことのないフランス人も、生まれたときからトロロという言葉を知っている。海のないモンゴル人も、サンマやホッケやモズクを知っている。そのものを知らないのに、どういうわけか言葉だけを知っているものが、頭の中の大部分を占め、自由に記憶できる余地が殆どなくなってしまう。

しかし、人間の頭の中に、あらかじめ意味を仕組んでおける仕掛けとはどのようなものか。人類の発生から絶滅に至るまでの間に出会うであろうさまざまな事柄を、すべて予知しておかなければならないだろう。ホモ・サピエンスの歴史は20万年と言われているが、その全てが書かれたシナリオがなければならない。また、これから未来、われわれが出会ういろいろなものについての言葉を私たちは今の時点ですでに知っていることになってしまう。

私たちの言葉がいい加減であるおかげで、私たちの今の文明が存在できる。バベルの塔は、天にも届く高さであったという。しかし、いい加減な言語を使わない限り、緻密《ちみつ》な計算を必要とする建造物をつくることは決してできない。

2章　いろんなコトバ

味覚の言葉

ことばは音か、それを文字化したものによって伝えられる。音は、いくつかの子音といくつかの母音の組み合わせで出来ている。もし、子音と母音の組み合わせが出来れば、他の方法でも、言葉として成立するはずである。例えば、私たちには、味覚という感覚がある。これを使ってことばに出来ないだろうか。

甘い、辛い、すっぱい、苦い、塩辛い、を、それぞれア段、イ段、ウ段、エ段、オ段とする。ア行は調味料、カ行は焼き物、サ行は煮た物、タ行は和《あ》え物、ナ行は蒸し物、ハ行は炒め物、マ行は揚げ物、ヤ行は漬物、ラ行は飲み物、ワ行はお酒というふうにする。

すると、砂糖、胡椒《こしょう》、カレー味サトイモの煮っ転がし、苦いキュウリ和え、レモンジュースを相手に次々と食べさせると、「アイシテル」を伝えたことになる。これに対して、「ワタシモ」を伝えたければ、お酒を飲ませ、次に砂糖のかかったトマト、胡椒入りの鯵《あじ》の煮物、塩辛いエビフライを食べさせればいい。たぶん、相手は大喜びをするにちがいない。

この場合、母音と子音はとても単純な味覚で組み合わせたのだが、もっと複雑精妙な味を、それぞれに割り振ることもできる。ワインの年代で母音を変えるようなことも可能だ。そこで、例えばグルメスパイ小説が出来あがる。スパイの元締めをしている大使館でも働いている名料理人がいて、店に来る料理評論家、実はエージェントに、コース料理を食べさせる。エージェントにとっては、指令書である。一切言葉を交わさないのに、どうして秘密が漏れるのか。そこで、味にうるさいグルメ探偵が登場して、秘密を暴く……。

こうした、味覚による言語には、しかし重要な欠陥がある。まず、一つの文章を伝えるのに、たいへんな準備がいる。音は、口が動けばいいだけだ。しかし、味覚は、たくさんの道具と材料が必要で、台所でなければ会話が出来なくなる。

しかも、あまりたくさんの情報量を伝えようとすると、そのうちにお腹がいっぱいになってしまって、それ以上伝えられなくなる。

しかし、人間のすべての感覚が遮断されて、味覚だけが残ったら、このような方法で言葉を伝えるに違いない。たとえば虫や魚が、あるいは宇宙人が、人間には分からない方法でコミュニケーションしているとして、それが味覚でないと言うことはできないだろう。

匂いの言葉

前項は味覚によって伝えられる言葉を考えた。今項は、匂いで伝えることばを考えてみる。

犬は匂いでコミュニケーションしていると考えられる。電信柱や道のカドにおしっこをすることをマーキングというが、このマーキングは自分のテリトリーを示したり、発情期であることを示したりすると考えられる。

「ここ俺の庭、ちなみに恋人募集中」

後からきた犬は、そこで、前の犬の記した情報を読み取る。そして、書き加える。

「あたし、ぴちぴち女の子。好みのカレシ、待ってまーす」

町中に犬のための伝言板が立っているようなものだ。

匂いは、匂いを発するモトになるものが残れば、変わらぬ情報を発信し続ける。それは、塗料を塗ることで文字、あるいは文字のようなものを書いて、何ごとかを伝えている暴走族と変わらない。否、彼らよりもずっと複雑な情報を、しかも正確に伝えている。動物は、スプレー缶を使って壁やシャッターに落書きすることが出来ないので、おしっこを使う。

音声を使った言葉はこういうわけにいかない。何かを伝えたければ、伝えたい相手と同じ時に、同じ場所にいなければならない。例えばテリトリーを示したいとき、音声しか手段が無いとすると、一日中その領域を巡回していなければならない。侵犯した相手に自分の姿を見せ、音声で、つまり吠えることで、相手を追い払うしかない。

視覚や嗅覚は、時空間を超越して相手とコミュニケーションできる。

情報を伝え続け記録することができるということは、嗅覚の特性だが、これは逆に困ったことにもなる。服に移った浮気相手の石鹼の匂いをカミさんに嗅がれてしまうというのは、三流ドラマによくある。教師に隠れてタバコを吸っていて、ばれそうになって、慌てて煙を外に出した経験があるかもしれない。情報が知られたくない人にも伝わってしまう。情報を隠すということが出来にくい。

また、匂いは残るので、後に発した匂いと混ざってしまう。言葉は線条性と言って、次々と順繰りにつながるという特徴があるのだが、相手に匂いを嗅がせていく間に、そのうち何の匂いかわからなくなってしまう。匂いを音声の代わりに言語に使うのはかなり難しい。

触る言葉

前項までに、味覚と嗅覚を使って言葉を伝えることの得失を論じてきて、今回は残る五感のうちの、触覚について考える。

ヘレン・ケラーという人は、盲人で聾《ろう》だった。

彼女の使ったのは指文字である。相手の掌の中に自分の手を入れて、指の形や触る場所で、アルファベットの文字を綴った。そうすれば、相手に自分の伝えたいことを伝えることができる。

昔、馬の市場などに行くと、馬子たちが、袋の中に互いに手を入れて、指を互いに触り合って値段の交渉をしていた。音声も視覚もいらない。秘密裏の交渉に大変適した方法であったのだ。

そんなに秘密めかさなくても、相手への触り方、打つとか殴るとか撫でるとかで母音を表し、触る部位で子音を示せば、日本語の場合5つの母音、や行、わ行の半母音、子音の組み合わせで出来ているのだから、全ての日本語は触話（？）で伝えることが出来る。

なぜかというと、言葉は、文という単位で伝えられる。文は単語の単位に分けることが出来る。単語はいくつかの音の組み合わせで出来ている。音の種類は、ある言語においてそんなに多くない。その音を組み合わせて、5万とか1万とかの単語を作り出すことが出来る。10万の単語を組み合わせて、無限の種類の文を作り出せる。こうした仕組みを言語の二重分節という。出発点になる音、印の種類は、そんなに多くなくていいのだ。

この触話は、簡単に作ることが出来る。味で伝えようと思ったら、台所用具一式が必要だった。文字で伝えるのでも、筆記用具が要る。これは身体さえあればいいので、声で話すのとほとんど変わりない。

さらに、自分のいいたいことを即座に相手に伝えられる。味や匂いは、素を作って食べるまで時間がかかる。触話は、触ったときが、自分のメッセージを作ったときであり、同時に相手に伝わったときでもある。

しかし、考えてみると、触話は、いちどきに沢山の人に伝えるということが出来ない。一回の会話で伝えられるのは一人だけで、それでは講演会も出来ない。最愛の人、一人だけと話せればいい、という人は、この方法が向いている。お互いの体を触り合って、さらに仲良くなれるだろう。

テレパシーの言葉

五感によって伝えられることばを考えてきて、どれも一長一短、結局聴覚による音声と、視覚による文字のコミュニケーションが、言語としては一番妥当なところであるという結論になった。当たり前といえば当たり前なのだ。

今項は、五感に含まれない、第六感で、人がどのくらいコミュニケーションできるかを考えたい。いわゆるテレパシーというやつだ。

と言っても、私はテレパシーを信じているわけでも特に批判的であるわけでもない。

言葉を伝える道具として、どのくらいのものなのか考えてみたいだけで、資料も、以前見た宜保愛子《ぎぼあいこ》氏とユリ・ゲラー氏の共演したテレビ番組だけである。

この番組の中で、宜保氏はイギリスのどこかの田舎に行って、そこで見た光景を、イギリスの自宅にいるゲラー氏に念力で送るというようなものだった。距離は10キロぐらい離れていたのだろうか。宜保氏の見ているところにはバラと白い家と柵があって、典型的な英国田園風景だった。ゲラー氏は、バラと家と柵とが見える、と、絵に描いた。これが本当にテレパシーによる交信であったということにする。

距離は遠くてもいいらしい。文字よりも、遠い人に伝えるのには便利だろう。

ある程度時間がたっても、そこにいる地霊と交信したりすることも出来るようだから、記録性があるといってよい。

しかし、音声は誰にでも簡単に作れる道具である。文字も、書き方を習わなければならないけれど、味の違いを作り出したり、匂いの違いを生み出したりするほど大変な仕事ではない。テレパシーは、今のところ、できるという人が非常に限られている。その点が、一般的な言語にするには非常な問題になる。

なにより、テレパシーはその特別な才能を持った人でも、大変な集中力とエネルギーを必要とするものらしい。ゲラー氏の疲れ方は気の毒だった。ほんの少しの情報を送るのに、そんなに疲れていては、到底大量の情報を送れるようにはなれないだろう。

このように見てくると、テレパシーの役立ち度は、せいぜい嗅覚程度ではなかろうか。五感以外にもうひとつ、その程度に何かを感じ取れる能力がある人がいても、そんなに羨《うらや》ましく思えない。

チルマークの言葉

アメリカの東海岸の北の方に、マーサズ・ヴィニヤード島という島がある。スピルバーグの映画『ジョーズ』の舞台となったところで、どこか裏さびれた、夏でも暖かくなさそうな海岸であり、あまりお金のない東海岸の住人が夏の間に遊びに行くところである。その島のチルマークという村には昔、聾者が多かった。ふつう、先天的な聾は、５７００人に１人くらいの出現率なのだが、この村では全体の五分の一が聾者であったという。この村は漁村だったのだが、聾であることは漁をするのにあまり不便ではない。彼らはなんらかのコミュニケーションをとることが必要だったので、独自の手話を作り出していた。聴者も、彼らとの意思伝達が出来ないのは困るので、自然に手話を使うようになった。結局、この村のほとんどの人間が、手話を使うことになった。

漁をするとき、離れた船どうしで伝え合うためには、音声言語よりも、視覚言語である手話の方が、ずっと便利である。小さな手旗信号のようなものである。

聴者どうしでも、手話を使うことがあった。声が漏れる心配がなく、手の形を見せるだけでいいのだから、女性の前で猥談をしたいとき、秘密の話をしたいときなど、手話は音声言語よりもずっと使いやすかった。

1817年、アメリカで最初の聾学校が開かれたとき、この村の住民が、大挙入学することになった。今ある、いわゆるASL（American Sign Language）、アメリカン・サイン・ランゲージ（アメリカ手話）というのは、この村で使われていた手話が原型になっているという。ここで、チルマークの人々ははじめて文字教育を受けた。ここの学校を出て村に帰った人々は、文盲の人が多かった聴者たちに、新聞や手紙を読んであげたりしたという。つまり普通の英語を、聾者がASLに訳し、それを聴者がやっと理解する、という作業をしたことになる。

この村で、手話は、音声言語の代わりをしていたわけではない。使える人口としては、むしろ手話の方が多かった。手話が第一言語であり、音声言語は第二言語に過ぎなかった。

手話は、音声言語が出来ない人のための言葉であると考えている人は多い。しかし、そうではなく、手話は、一つの立派な言語であり、音声言語と対等の価値を持つ。手話は、感情表現などでは、音声言語よりもずっと豊かで、微妙なニュアンスも伝えられるという。

チョムスキーを語る言葉

手話は生活言語として、十二分の役割を果たす。アメリカには全科目を手話で教える大学もあり、さまざまな科目が教えられているという。

私はかつてボストンにいて、MITのチョムスキー教授の授業を受けていたことがある。たまたまその年には開講されていて、ちょうどいいので見物に出かけたのだ。

世界で引用される本の著者として、第1位はキリスト、第2位がアリストテスときて、チョムスキーは、現存する人ではただ一人、フロイトを抜いて8位に入っている、というくらいの偉い言語学者である。MITにはノーベル賞受賞者が掃いて捨てるほどいるのだが、MITで最もすぐれた教授職はチョムスキーに贈られている。

そういう人の講義だから、聞きに来ているのは学生だけでなく、どこかの先生や教授たちもいて、MITにしてはかなり広い教室が、半分くらいは埋まる。そこで、彼の深遠な講義が行われる。

大体私は英語が苦手であって、普通の会話もあまりわからない。まして最新鋭の理論言語学となるとまったくのお手上げ状態で、要するに、チョムスキーの顔を見た。あとで本になったときに読もう、ぐらいの感想しかもてなかったのだが、このチョムスキーの講義は、すべて、手話の同時通訳がついていた。レジュメもなく、何について話すか、当日になるまでほとんど分からないのに、手話通訳者は、チョムスキーの最新の理論を、その場でたちどころに、手話に直して見せているのだった。同じ音声言語である日本語に直すのさえ一苦労である。そうしたことが可能であるというのは、手話が非常に洗練された言語であることの証明になる。

英語でなくて、ASLを知っていたら、よほど分かりやすかったのではないかとさえ思った。しかし、手話のほうが易しい、というのは大きな間違いである。

また、日本人もアメリカ人も、手話は共通だと思っている人が多い。これも、手話にまつわる大きな誤解の一つである。

音声言語の英語とASLは、外国語と言っていいほどに違う。日本語と日本手話も文法が異なる。ASLと日本手話ができるときにお互いに相談したわけではない。手話同士だからといって、おなじであることにはならないのは当然だろう。

手で伝える言葉

ことばは、子どものとき、母親からや家族から伝えられる。子どもは、家族の話していることばを真似て、だんだんと話が出来るようになり、自分の気持ちをことばにして表現出来るようになる。第1番目に上手な言語を母語、母のことばというのは、そこからきている。

手話というのは、その辺の事情が大きく異なっている。聾者の子どもとして生まれた聾の子どもは、あまり問題がない。親が手話を使っているので、子どももすぐに手話を使えるようになる。しかし多くの聾の子どもは、聴者の家に生まれる。そこには手話の環境が全くない。

多くの聾の子は、聾学校に行き、そこで、同じ子どもたちと出会い、はじめて手話を学ぶ。子どもたちは、先輩から教えてもらった手話を使う。手話は、聾学校が母体となって伝えられてきた。

しかし、日本の聾学校では、手話は禁止されていることが多い。口話主義といって、なるべく聴者と混じって働けるように、聴者の音声言語を唇の形から推測出来、自分も、音声言語が発声できるような訓練をさせられる。手話は、こっそりと、休み時間などに使われてきた。アメリカの手話の研究は盛んで、日本手話の研究が大きく立ち遅れているのは、そうした背景がある。

近年、聾文化ということが言われている。手話は、日本語とは別の言語である。日本語と英語が違うように、異なる言語を使う人は、異なる文化をもつ。手話を第一言語とする人々は、音声日本語を第一言語とする人たちとは別の文化をもっている、という主張である。さまざまな問題があるが、その主張は原則的に正しいだろう。

音声言語と比べて、手話の方がむしろ習得が早い、という調査もある。赤ん坊はたいてい親にとって、わけのわからないことしか言わないものだが、アメリカでは、聴者なのだけど、まだことばの話せない赤ん坊に、手話を習わせて、赤ん坊の意志を理解し、親の考えることも理解させようという、試みもあるらしい。確かに赤ん坊はおなかがすいたというようなことを伝えられるらしい。そんなことができて、いったいなんの得があるのか疑わしいのだが、親のストレスを軽減させたいようだ。子育ての醍醐味がかなり減ってしまうのではないかとも思う。しかし、手話にたいする理解が、日本よりもずっと深いアメリカを少し羨ましく思う。

生まれ出る言葉

手話を言語学の対象としようという考え方はごく最近のことである。

生成文法という考え方がアメリカのチョムスキーを元締めにして盛んになった。生成文法は、ごく大雑把に言うと、全ての言語に共通する普遍的な文法があり、英語や日本語は、ひとつの文の別な現れ方に過ぎない。各言語には、それぞれ固有の規則があって、そこから、表面上は、違う言葉として出現しているのだが、元をたどれば、深層構造では同じなのだ、という考え方である。

その各人類に共有の普遍文法による言語は、生まれつき備わっている。だから、子どもは、驚くべき速さで母語を習得できるのだ、と考えた。習得するのは規則だけであり、言葉というものがあるということは、すでにわかっているというわけだ。自転車を作りだしてその乗り方も上手になるのは大変だが、自転車がすでにあって、その乗り方だけ覚えろというのは簡単なことだ。

じゃ、その普遍的言語とはどんなものなのか、ということが興味の対象になる。ある言語の一番初めの姿というのがわかれば、そこから、その元になる普遍的言語がある程度推定できるであろう。しかし、ある言語が生まれ出る瞬間というのは、なかなか出会えることではない。

ところが、手話は、そうした一瞬を垣間見ることの出来るものなのだ。

聾の子どもは、ふつう、聴者の家に生まれ、聾学校などへ行かない限り、手話に出会うことはない。家族間で生じる身振りや手振りでコミュニケーションしているに過ぎない。そうした子どもが、生まれて初めて、違う家庭から来た聾の子どもに出会うときがある。二人をしばらくそのままにおいておくと、やがてお互いに、二人は何かを伝え合おうとし始めるだろう。二人の間で通じる手話、すなわち言語が生まれ出るまさにそのときが目撃できる。

手話は、生まれてからあまり時間のたっていない言語なのである。この構造がわかれば、普遍的言語がどのようなものか、わかるのではないかという期待が持たれた。ただし、実際に調べてみると、手話も音声言語と同じように、地域によってそれぞれ異なっていて、普遍的ではない、共通言語ではないということがわかってきた。構造も単純ではない。

普遍的言語の解明はまだまだ先のことになるだろうが、しかし、手話を通じて、聾者への理解が進むことは悪くない。

ウィンカーの言葉

今から20年前、アメリカで暮らしていて、自動車の運転を日常的にするようになった。帰国して、そのまま自動車を日本でも運転するようになった。いろいろ戸惑うことが多かったが、例えばアメリカ並に車間距離を空けていると、隣の車線の車がすぐに割り込んでくるのだった。そして、きまったように、ハザードランプをピカピカ光らせるのだった。なんだかとても腹が立った。「ばーか。間抜け」と言われているのかと思ったのだ。

それが実は「ありがとう」あるいは「割り込んでごめんなさい」の意味であるということを友人に聞いて、そんなものかと思った。

昔、高速道路の追い越し車線を走るときは、右ウィンカーを出しっぱなしにしたものだった。「私は今追い越しをしていますが、速度オーバーもしてるかもしれませんが、右にウィンカーを出していることでお分かりのように、ごく一時的なものであり、すぐに元の車線に戻りますので、どうぞ警察の方、お目こぼしください。また周辺車両の方、ご協力お願いします」というようなことを言ってたのだと思う。

トンネルの中を走るときは、ハザードをつけたり、右ウィンカーを出したりした。反対車線の車が怖かったからだと思う。

ブレーキをかけるときはブレーキランプが点《つ》く。右左に曲がるときはウィンカーを出す。暗ければライトをつける。こういう合図は、交通法規で決められていて、みな教習所で習うことになっている。しなければならないことである。

しかし、割り込んだときにハザードをつけろというようなことは普通習わない。前方渋滞というときに減速しながらハザードを点滅させるのは、最近警察にも認められて、大変よい行為であるので奨励されているけれど、しかし、交通法規に定められているわけではない。自然にいつのまにか、みんながするようになったことである。

自動車がする合図には、法規で決められたものと、自然発生的に生まれたものとがある。法規で決められたメッセージの発信は、人間にたとえると、哀しくて涙が出る、可笑しくて笑うというような、生得的な反応であり、メッセージの発信である。自然発生的な合図は、それが恣意的であるということからも、私たちの使っている自然言語に非常に近い。

しばらく、このことばについて、考えてみたい。

クラクションの言葉

日本以外のアジアの町のホテルに着いて、最初に気づくのは、クラクションの音である。窓の下の道から、車のクラクションが盛大に湧き上がってくる。違う国に来たのだなと、しみじみと異国情緒を感じるときでもある。

日本にいて、狭い道に囲まれて、車の通行量もそんなにないわけではないところで、しかし、クラクションを聞くのは、駐車違反の車に対して文句を言っているときぐらいである。いかにも腹立たしげで、聞いていて気持ちのいいものではない。いたたまれないような気になる。早くどかしてあげればいいのに。

運転していて、鳴らされるのはびっくりする。たいてい、こちらがいけない。危ないときである。だから、反省する。

私にも鳴らしたいときはある。あんまり無茶な運転をされると、何とかして欲しいと思う。しかし、クラクション殺人というのもあった。鳴らして逆切れされて、金属バットで殴り殺された人の話である。だから、私の車のクラクションはほとんど、封印状態である。

しかし、それでも鳴らしたいときがある。道を譲ってもらったときのお礼である。

狭い道をすれ違わなくてはいけなくて、こちらは下手なので、たいていは端っこに寄って、向こうにすれ違ってもらうことにする。すれ違いざま、ぷ、と短くクラクションがなる。お礼を言われている。別に文句を言われているのではないだろうと思う。気持ちがいいのだ。

こちらが譲ってもらうこともある。しかし、すれ違うだけで神経を使っているので、クラクションを上手に軽く短く鳴らすことが出来ない。思わず、場違いな巨大な音を立ててしまい、ご近所のひんしゅくを買いそうになる。

クラクションは本来は違うことをするための道具であった。危険を警告する道具が必要だったので車にとりつけられたものである。しかし、そういうこと以外の使われ方がされている。

クラクションの音とお礼というメッセージは本来結びつかない恣意的な結びつきである。しかも、わざわざすれ違っただけでクラクションを鳴らすのは余計なことでもある。何故そんなことが起きているのか。車が勝手に話し始めている。人のもつコミュニケーション本能が新しい言語を創っている。

光りの言葉

春は交通安全週間である。

ドライバーはお互いに譲り合い、協力の精神を持たなくてはいけない。たとえばこの先でスピード違反取り締まり、通称ネズミ捕りをやっているぞ、と教えあう合図をするというのがそれに含まれるのかどうか、分からないけれど、あれで救われたドライバーは数多くいるのではないか。

対向車線を走るクルマがビームを何度か点灯してくれる。それで網を潜《くぐ》り抜けることが出来たこと数回にとどまらない。大変有益である。

高速道路で一番右側の追い越し車線を走っているとする。すると、前を走っているダンプが右のウィンカーを点滅させ始める。赤いブレーキランプも点く。走っているのは一番右側の車線なのだから、それ以上右に行けるはずがない。

なんなのだ。

ダンプは大仰な音を立てて減速する。それでこちらもブレーキを踏む。大型トラックやバスには排気ブレーキというのがついていて、これはブレーキランプと連動していない。それで、追い越し車線を走っていて、減速をするために排気ブレーキをかけるときは、右にウィンカーを出すことになっている。これも、追突を避けるために有益である。

クルマには各種の情報を発信出来る装置があるけれど、装置と情報がたいてい一対一に対応しているため、発信したいけれど伝えることの出来ない情報というものがどうしても出てきてしまう。

右に曲がるから注意、ブレーキかけるから注意。ウィンカーやブレーキランプなどによって伝えられる、規定された合図はすべて警告である。「危ないよ」とか「注意して」という警告の類が、規定外の合図にも多いのは、ことばの発生を考えるとき、いかにもそうであろうと思われる。動物は怖いとき、仲間に伝えるために叫び声をあげる。それは、社会を作る動物であれば、必ず自己保存のため、遺伝子存続のために、必須の伝えたい情報なのだ。

一方で、前項までに触れた、「道を譲ってくれてありがとう」、「割り込みしてしまってごめんなさい」、というような合図が一般的に普及しているのは、ことばというものを考える上で、大変象徴的である。これらは、挨拶のことばなのだ。人間は、どうしても挨拶をしたくなる動物であるらしい。

ブレーキの言葉

車のドライバーはきっと寂しいのだ。だから、他の車にいろいろなことを言いたくなる。

クラクションを鳴らすだけでなく、また手を振って合図するだけでなく、この先で交通規制をしているとか、割り込ませてもらってありがとうとか、いろいろな勝手な合図を作っては、他の車に知らせようとする。何かを伝え、コミュニケーションをとりたくなるのだろう。

こういう行為を誰が始めたのか、よく分かっていない。高速を走るトラック運転手たちがいつの間にか作っていったのだろうというのが、いまのところ言われている。

ドリカムの歌に、ブレーキランプを5回点けたら、それはアイシテルの印だ、とかいうのがあるらしいのだが、そういうことをしている車をあまり見たことがない。そう簡単に、こうした言葉が作れるものではないし、一般に広がるものでもない。特にブレーキランプは難しい。

クラクションやウィンカーは、何かを知らせるためだけに出来ていて、何かを伝えたいのだ、という意思が、少なくとも伝わる。しかし、ブレーキランプは、ブレーキを踏むことで同時に点くようになっていて、ブレーキランプが点いたからといって、何かを伝えたいのだ、と思われることはあまりない。減速するのだ、ということしかふつうは伝わらない。そこらへんが、ウィンカーなどとブレーキランプの大きな違いである。

自由な合図は、純粋に伝達だけを目指すものでなければならない。ブレーキランプを5回点けるのがアイシテルを伝えるというのは、スパイ同士の暗号のようなもので、そのことを知っている人にしか分からない。5回の点滅でいいのなら、ダイキライだって、シンジマエだっていいことになる。

自由な合図に特徴的なことは、伝達の意思が明確であるということである。何かを伝達されているということが分かるから、受け取る側は、それを解読しようとする。そういう努力を相手にさせる。あとは、その合図の後にどのような刺激＝行動が連続するかという規則性に気付かせることである。ある刺激のあとに他の刺激がいつも起きる。すると、それを一連のペアとして学習することになる。シニフィアンが一定のシニフィエと結びつく。それは言語である。言葉が生成される現場は、道路の上にもある。

信号の言葉

自動車は、「譲ってくれてありがとう」とか、「この先検問あり」とか、いろいろな意味を発信する、すなわち言葉を話すのだが、問題は、それが大変分かりにくいことである。

発信するための道具が少ない、という致命的欠陥がある。人間の言葉は、音の種類がいくつもあって、それを組み合わせることで、数十万の単語を作り出し、その単語を組み合わせていくことで、無限の種類の文を作り出す。日本語は音の種類が比較的少ない言語だが、それでも100以上はある。自動車が発信できるのは、クラクション、ハイビーム、ウィンカー、ハザードぐらいであって、それぞれを、鳴らしたり点滅させたりするという程度の違いしか作れない。したがって、同じ信号が違う意味を持つ同音語（？）が多くなる。

右折をしようとすると、対向車線からクルマがやってくる。そのクルマがハイビームをチカチカさせる。これが難しい。「危ないから曲がらずにちょっと待て。俺が先だ」と言っているのか、あるいは、「どうぞ曲がってください。私はあなたが曲がるのを待っていられる程度の余裕がありますから」と言っているのか、その区別がしにくい。下手に曲がってドカンとぶつけられてしまうのはこまるし、だからといって、停まってしまっている私の車の後ろで、つかえてしまって、イライラしているクルマたちを怒らせるのもゆううつである。

この区別を決定させるのは、結局、その場の状況である。ビームをしているのがどんなクルマなのか。トラックやバスは、「曲がっていいよ」ということが多い。これが黒塗りのベンツだと、待ってたほうが無難である。相手のスピードも大きく関係がある。明らかにスピードを落としていることが分かれば、曲がる。猛然とやってくるようなら、待つ。もちろん、相手のクルマまでの距離も大切な判断材料になる。それから、私の車の後ろにどのくらいのクルマが待っているのか。後方の遠くないところに信号があって、それが赤なのか青なのか。黄色に変わりそうな青か、今変わったばかりの赤なのか。そのような、さまざまな要素をかき集めて、相手のチカチカを解釈する。

これを言語学ではコンテキストという。ある文は、その置かれた状況いろいろひっくるめて解釈されなければならない。クルマのことばが読めるようになれば、一人前のドライバーである。

3章　耳できくことば

音が伝える言葉

チェッチェッコリ・チェッコリッサと歌う歌があった。かつて、お茶のCMでも使われたらしい。まったく意味が通じないのだが、妙に耳に残る。

なんとなく楽しそうだということは通じる。不気味な歌だ、と受け取る人もないではないが、まあ普通は、明るい雰囲気を感じさせる。調べればガーナの民謡であるとか。しかし、ガーナ大使館で聞いても、意味がよく分からないのであるらしい。全然意味が分からないのに、楽しげな様子だけは伝わってしまう。逆に、細かな意味が分からないから、かえって能天気に、単純極まりない「楽しさ」というメッセージだけが直接的に伝わるとも言える。

「ずいずいずっころばし」という歌は、意味を考えずに古くから歌われていて、音だけを楽しむ。草野心平のカエルの詩は、擬音だけで綴られていて、音だけで何事かを考えさせられる。40年あまり前には大橋巨泉の「ハッパフミフミ」、30年ほど前にはタモリや山下洋輔の「ハナモゲラ語」があった。

私たちは言葉から意味を奪って、その音だけで伝わる何事かを楽しむということをときどきするらしい。めちゃくちゃであればあるほど、うれしくなる。子どもの破壊衝動と似ている。

ハナモゲラ語が流行ったとき、ある言語学者が、「いくらめちゃくちゃ語であろうとしても、しかし、それはすべて日本語であって、本当のめちゃくちゃ語ではないのだ」ということをゴールデン街で、ハナモゲラ関係者に言ったことがあるらしい。「音韻体系が、日本語なのだからだめで、本当にめちゃくちゃにしたかったら、舌打ち音とか吸気音とかを入れたらいい」と言ったとか。ごく簡単に言ってしまえば、「ハナモゲラ語」はすべてカタカナで表すことが出来てしまう、ということなのだ。カタカナで表せる限り、それは日本語の音から逃れていないことになる。

しかし、約10年前にはB-DASHというグループが現れて、この人たちの歌詞はカタカナでは書けない。なんとなく英語のような音なのだが、しかし全く英語ではない、奇妙な歌詞なのだ。意味はない。「それっぽい音を出している」だけなのだ。意味を持つかのようで、実は中身のない言葉が氾濫するより、いっそ、音だけにして、余計なことを考えないですむようにしてもらいたい、というアナーキーな言葉の感覚があるのだろう。

外国語の歌の言葉

外国人と話していて、ときどき「ニホンジンハヘンデスネ」と言われる。そう言われるのが大好きな日本人がいるのも困ったことだ。そう言われると喜ばれることを彼らは知っていて、わざと日本人の不思議なことを私たちに聞いてくるとさえ思えることがある。とくに日本語教師をしていると、私は日本批判の矢面に立たされることがある。

私も日本人は変だとかねがね思ってはいるが、しかし、日本のことをよく知らない連中に言われる筋合いはない。「おまえの日本語のほうがよっぽど変だ」と言ってやりたいのだけれど、そこをぐっとこらえて、彼らの言い分を聞く。「日本人はどうして意味のわからない外国語の歌を喜んで聴くのか」と言う。

確かに、「今度のスティングの歌は泣かせる」とか、「クラプトンはアンプラグドが一番よかった」などと言う日本人は多いのだが、しかし、英語の歌詞をちゃんと理解してそう言っているとは思えない。なんとなく、よさを感じているけれど、英語を聞きながら全部理解しているという人はめったにいない。

しかし、そのよさはなんとなくわかってしまう。いったい私たちは何を聞いているのだろうか。

映画を見るときも、吹き替え版より字幕版のほうが面白い。ディズニーの映画は、中で歌われる歌まで日本語に直されていて、その歌詞を聴くのはなんとも気恥ずかしく、苦痛でさえある。

いっそ英語で歌ってくれよ、と思うことしばしばである。よくわからない英語の歌のほうが、意味が全部わかってしまう日本語の歌より、よっぽど感動できる。歌手や俳優の伝える声や息遣い、歌い方の何ものかが、私たちを感動させ、圧倒する。昔、ロシアの名優は、舞台がはねた後レストランに入り、そこにいたファンたちのために、手元のメニューを読み上げて、聴く者を感涙させたという。聴衆はそこで読み上げられる「ボルシチ300円、上ボルシチ400円……」というのを聞いていたのではないだろう。何でもよかったのだ。言葉なんて要らないのだ。

そして、これが日本人だけに限らないことは、スノッブのアメリカ人たちが、わかりもしないイタリア語のオペラを聴いて、大喜びするのとまったく同じことであり、ニホンジンハチットモヘンデハナイ、のだ。

わかってしまう言葉

言葉を形づくる音が、なぜその意味を伝えるのかということは、説明することが出来ない、というのが言語学の常識である。あるものについて、なぜその音が選ばれたかは、社会的習慣によるとしか答えられない。難しい言葉で言えば、シニフィアン（音）とシニフィエ（意味）は、恣意的に結びついているということになる。

　本当にそうだろうか。

『ジキルとハイド』という物語がある。二重人格で、いい人格と悪い人格が入れ替わる。どちらかが悪いほうのときの名前なのだ。私は、どうしても、ジキルが悪者で、ハイドが善い者に思えてしまう。本当は逆である。しかし、ジキルというのは、いかにも悪そうな名前ではなかろうか。

　ゴルゴンゾーラチーズというのがあるが、いかにも凄《すご》そうな味を連想しないだろうか。

「イピピ」と「オポポ」という言葉があったとする。これだけでは、どちらも意味がわからない。しかし「イピピとオポポは夫婦です」と言われると、どちらが夫でどちらが妻だろうか。たぶん、多くの読者は、イピピが女で、オポポが男であると思うに違いない。

　では、イピピとオポポが兄弟であるとするとどうなるか。これも、一致して、オポポが年上であると答える人が多い。

　いろいろな教室で、私は実験してきたのだが、すべて答えは同じだった。さまざまな外国人を相手にした教室でも、この結果にはあまり大差はない。ラテン系の言語では、語尾の音によって男女が決まってしまうことがあって、多少結果が異なるけれど、ほとんど普遍的と言っていい。すなわち、A音やO音、濁音系は、大きいとか男性とか強いとか悪いとかを示す。I音や清音系は、小さいとか女性とか弱いとか善いとかを示してしまう。

江戸時代の三味線の楽譜は、五線譜などというものはなかったから、言葉で音の高低を示していた。「ツン」、「チン」、「ドン」、「トン」、「テン」の5つである。これを高いと思われる音から順に並べてみてほしい。普通の日本人であればほぼ間違いなく「チン、ツン、テン、トン、ドン」の順番に並べるはずだ。

生まれて初めて聞く言葉でも、その音によって、ある程度意味の予測がついてしまう。音と意味とは、ある限定を加えれば、案外結びついている。

声の言葉

数年前、ブルース・ウィリスが缶コーヒーのCMに出ていた。テレビのCMはよかったのだ。ラジオのCMがあって、それが変だった。声はいつも吹き替えをしている野沢那智《のざわなち》だったと思うのだが、「こんにちは、ブルース・ウィリスです。この缶コーヒーは……」と言うのだ。

どう考えても、その声は声優さんだし、少なくとも日本人であって、ブルース・ウィリスが言っているようには聞こえない。したがって、缶コーヒーとブルース・ウィリスを結び付ける根拠がちっとも生じない。

いったいどういうつもりでこのCMが作られたのか。まさかギャグCMのつもりだったわけでもないだろう。言うだけだったら、誰のでもできる。「こんにちは、ベッカムです。小沢理髪店は最高……」「こんにちは、ローマ法王です。鳩山仏壇はとても魅力的で棄教したいくらい……」。なんだっていい。

多額のギャラも、出演交渉も、スケジュール調整も要らない。そんなのズルイ。

音声によって伝わる言葉は、単なる「音」ではなく「声」、つまり誰かの口を通した音で伝えられる。その声は誰かに属しているので、ある言葉は、誰がその言葉を言ったのか、ということが、当然いつもつきまとう。言葉の意味を考える以前に、誰の発言であるかということを私たちはわかっている。誰が言ったかということを考慮に入れて、私たちはその文を解釈する。

宇宙人の声、というのは誰も聞いたことがないので、誰も聞いたことのない声でなければならない。扇風機の前で胸をたたきながら「ワレワレハ宇宙人ダ」と言ったことのある人は多いだろうと思う。少しテープを早回しにしてもいい。コンピュータやロボットの声も独特である。ワン・パターンの変に高い声。誰も聞いたことのない声、という個性を表してしまう。

逆に非個性的に聞こえるケータイの、「こちらは留守番電話サービスです」というのや、トラックが角を曲がるときの「右に曲がります。ご注意ください」という、繰り返し繰り返し聞かされるあの声は、誰かの声なのだ。「信号が赤に変わります。無理な横断はやめて……」と言っている女性は、だいぶ年のように思える。

声は言葉の意味の大きな部分を占めている。声、誰が言ったのかという部分を除いて、話し言葉の意味を取り出すのは難しい。

大声の言葉

大声であること、小声であることは、言葉自体には変化がないと考えられる。しかし、叫ぶと、声量の違いが意味の違いを生んでしまったら大変なことになる。だいたいにおいて丁寧ではなくなる。その言葉には制限が生まれる。「らっしゃい、らっしゃい」という市場の売り子の声がそれである。大声であると、たぶん、息が続かなくなるのだろう。丁寧な言葉にしようと思うと、どうしても文が長くなってしまう。「いらっしゃいませんか」というのは長い。

スポーツの応援もそうだ。「行けー」とか、「打てー」とか、大声で叫ぶ。命令形というのは、軍隊とか、危険な工事現場などで使われる。小市民的な平穏な日常生活を送る限り、よほどのことがなければナマのものを口にすることも耳にすることもないだろう。非常に丁寧でない形であって、もし他人を動かしたければ、依頼形、「~してくれませんか」あるいは、「~て」の形を使う。

逆に小声になると、丁寧になる。これは日本語だけではなく、ベトナム語でもそうだ。ベトナムでは、敬意を示したいときに、とたんに声が小さくなる。ベトナム人で日本語を話すと、母語の癖が移るのだろう、小声になる。聞きづらいけれど、丁寧さが何となく伝わってくる。

外国語は初心者のうちは声を大きめにする。そのほうが、発音がはっきりとするし、間違っているのがすぐわかるので、勉強のためになる。中学校のとき、教室を揺るがさんばかりにみんなで一斉に大声を出したのを覚えておられるだろう。

日本人同士で英語を話すのは苦手であるという人が多い。しかし、一人でも日本語が話せない人がいれば、仕方ない。日本語であれば何の苦労もいらないのだけれど、しかも、もう一人の日本人が英語がやたらうまかったりすると、もう恥ずかしくて仕方ない。やたら萎縮して話さなければならない。そういう人にとっておきの裏技を伝授したい。

小声で英語を話すのである。これはてきめんの効果を生む。英語話者にとっては、大声であろうと小声であろうと、あなたの英語が下手っぴいであることに変わりはない。しかし、それを聞く日本人は、あなたの英語を見直すはずである。なぜか上手《じょうず》に聞こえてしまうのだ。自分の英語の同国人の中でのコンプレックスにさいなまれている人は、ぜひ一度お試しあれ。

4章　目で見ることば

血液型の言葉

血液型で性格がわかるというのは、今や常識的なことになっているのだろうか。ゼミの新人会などで必ず聞かれるのは、「先生の血液型は何ですか」ということだ。

ここでオジサンは、「何型だと思う?」と聞くことにしている。「○×型だと思う」と言う子には、「どうして」と聞く。学生たちが私をどう思っているのか、そのことのほうが知りたい。ついでに学生たちの観察力もある程度分かる。

私の血液型が何であろうと、実は彼らにはどうでもいい。彼らは、私が本当はどういう性格なのかを知りたがっているだけである。ふだんの講義の様子から、この先生のゼミを選んでしまってはみたものの、果たして先生はどういう人柄であるのかを確かめたい。学生たちの聞きたいことの焦点は「血液型」にあるのではなく、「本当の性格」にあることは明らかだ。

しかし、彼らにとって残念なことに、血液型によって性格が決定されるということは、科学的に全く根拠がない。だから、私の血液型を知ったからといって、私の本性が明らかにされるわけではない。

それにしても、どうしてこんなに血液型性格類型が信じられてしまったのか。私の専門である意味論では、図像的推論によると説明される。

Aは三角で、鋭角な印象を与える。したがって、几帳面とか、融通がきかない、といった性格が図像的に類推される。Oは、丸く、角がない形である。性格にそれを投影すると、おおらかで、大雑把ということになる。典型的なのはAB型で、異なる二つの形で出来ていることから、二重人格、ということになってしまう。残ったB型は、以上のどれでもない、ということから、個性的で芸術家肌、というようになる。

このように、血液型に示される性格は、大変覚えやすく出来ていて、しかも図像の印象があるものだから、知らないうちに説得させられてしまっている。

私たちは漢字を使っているために、文字を表意的に扱う傾向が強い。言うまでもなく、アルファベットは表音的であって、その字形から意味を探り出すには無理があるのだが、文字自体に意味があるかのように扱ってしまう。

私たちは気づかぬうちに、日本語のワナにはめられている。

カタカナの言葉

大学のセンセイは、夏休みがあっていいですねえ、とよく人から言われる。こっちの事情を何も知らないで言われるものだから、こっちも、いいでしょう、一度やったらやめられませんぜ、本音半分で答えることにしている。しかし、夏休みの前に、重労働がある。試験の採点である。これが済まないと、晴れて夏休みを迎えることが出来ない。

この夏も、そうだった。私の場合、いろいろと教えている場所があるので、7

00人分の採点をしなければならないのだ。700人と言うと、口で言うのは簡単だが、しかし、とんでもない数である。学生各人が、試験に費やす時間は、それぞれ一時間としても、700時間、24で割るとほぼ30日弱。不眠不休で食事もせず、一か月分の時間を費やしたものを、試験後一週間以内に採点して教務課に提出せよということになっている。非人間的である。こういう面倒なことをしたくないから大学の先生になったのにと、思う。

試験問題を作るのが面倒くさいので、筆記試験である。四肢選択にすると、採点は簡単なのだが、作るのが大変。~について述べよ、というような形式になる。また、試験中にカンニングの監視をするのが面倒なので、すべて持ち込み可にしている。ノートだろうがケータイだろうが、なんでもいいことになっている。すると、記憶を問うような問題は作っても無駄になる。

それで、私の授業をしっかり聞いて、その考え方を身につければ答えが出せるというような問題を出すことになる。

いろいろ考えて授業中に前もって、試験の問題を発表することにした。いわば、試験のようなレポートである。レポートにすると量が増えるので読みきれなくて困る。試験時間60分で書ける分量であれば、読むときに簡単である。B４一枚で書くことになる。

今回は、「ゴミはなぜ、カタカナで書かれるのか」という問題を出しておいた。参考になる論文がないわけではない。図書館のもあるし、見つけられるのであれば、それはまた、そういう勉強になるので構わない。

さて、カタカナは、正規には外来語、擬音語、動植物名に使うことになっている。「ゴミ」はそのどれにも当てはまらない。しかし、カタカナで目にする言葉である。どうしてだろうか。

強調する言葉

日本語には表記体系が大きく３つある。ひらがな、漢字、そしてカタカナ。このことは、日本語を学ぶ外国人にとってかなりのストレスになるだろうと思われる。

カタカナはどのようなときに使うのか。外来語、動植物名、そして擬音語・擬態語の場合。「だから、ジョンさんの名前はカタカナで書くんですよ」などと言って日本語教師は教える。

日本語の文字の複雑さに腹立たしい思いをしている学生が、教師に八つ当たりする。「じゃ、ゴミは外来語ですか？」

ゴミを捨てるな、という看板がある。このとき、ごみは外来語でもないのになぜカタカナで書かれるのか。

普通、一番多いのが、ごみを強調しているのだという答えである。

確かに、ほかの何でもなく、ごみを捨てられるのは困る。そういう気持ちが表れていて、ごみを強調したい、という気持ちはあるかもしれない。

しかし、この、「強調している」というのは、決してしてはいけない答え方であるということを、私は学生時代にある先生から教わった。

ごみを強調しているのです、と答えれば、たぶん学生は納得するだろう。しかし、ゴミを捨てないで欲しいということを言いたいのなら、「ごみ」の部分を強調せずに、「捨てるな」のところを強調したっていいはずだ。

本当の強調というのは、そのようなものではない。字を大きく書く、あるいは赤い字で書く。音声であればそこだけ大声にする。それが強調である。

それ以外の場合に強調と言って済ませてしまうと、本当はほかの大切な理由があったかもしれないのに、気付くことがない。それ以上教師が考えることをしなくなって、進歩しなくなる。考えることをしなくなった教師は、つまらない教師である。

だから、強調と言いたくなったら、ぐっとこらえてガマンしなさい。そして考えなさい。

その先生が作った辞書の「とても」の語釈は「程度を強める」とあって、なるほど強調するとは書かれていない。なんだかずるいような気もしたが、まあ、言われたことは正しいと思う。

カタカナ書きの「ゴミ」は強調ではない。

漢字で書かれる言葉

ゴミはなぜカタカナで書かれることが多いのかという質問の答えを考えている。

漢字で書くのが難しいからだ、という答えがある。確かに漢字はあまり思いつかない。

ゴミは漢字で書くと、塵、芥、護美などとなる。しかし、「塵」は「ごみ」ではなく「ちり」と読む方がふつうだろう。「塵を捨てるな」と書いてあっても、「ごみをすてるな」と読んでくれる人は少ないだろう。「芥」も「あくた」になりそうだし、「護美」はどう考えても当て字であろう。

そもそも日本には、文字がなかった。音声言語だけが存在していた。奈良時代に中国から漢字が入ってきて、音声言語の表す意味を、漢字で表すことにした。「たべる」には「食」の字の意味がふさわしい、というので、「食べる」と書いた。「食」には「た」という中国音がなかったけれど、意味は「たべる」ことだからというので、「食」に「た」という音が当てられた。いわば、当て字である。

「さんま」を「秋刀魚」というのは、漢字で意味を当てたものである。「秋刀魚」が当て字であるのなら、「食べる」も当て字である。ただ、「食べる」が当て字だと思わないのは、一般に多く使われているからにすぎない。

漢字で書くのが本当で、仮名、つまり音そのままで書くのは正式ではないという意識が古くからある。だいたい国名がそうなのだ。「日本」は「にほん」でも「にっぽん」でもいいことになっている。そんないい加減な！

「函館の女」という歌があった。これは「はこだてのひと」と言う。「ひと」は単なる人間の意味ではなく、女性である、ということがわかる。歌っているだけだから、耳から聞いていたのではわからない。これはもう、ふりがなと言うよりも、振り漢字である。歌の場合、文字言語はあまり意味をなさないので、漢字はほとんど役に立たなかった。ただし、昨今のカラオケの普及により、歌における文字の役割が俄然増えてきた。

「四季」と書いて「とき」と読む。「恋人」と書いて「あなた」と読む。「LOVE」と書いて「すき」と読む。なんだってありだ。

ゴミの漢字は当て字というに近い。だから漢字で書かない。では、どうしてひらがなではないのか？

う。

くっついた言葉

ゴミは漢字では書かれない。では、ひらがな書きにされないのはどうしてだろ

「ないすないす」という文字列がある。これは「ナイスな椅子」かもしれないが「ナイス、ナイス！」であるかもしれない。少し無理があるけれど、「な、椅子ないス」という文かもしれない。

どうしてこのようになるかというと、日本語には、語の区切りがはっきりしないという性格があるからである。こういう言語を、膠着《こうちゃく》語という。「食べたかったんじゃないでしょうかねえ」という文が何語で出来ているか考えさせると、幾通りもの答えが出てくる。ひとつひとつの単語に区切るのが難しい。

そして、にもかかわらず、3通りの答えを書き分けることが出来た。これは、一語の中では、二つ以上の表記体系を混在させないという原則があるからである。カタカナで書かれた語は、それが終わるまでカタカナで書く。漢字語彙《ごい》は漢字で

すべて表す。金田一は「キンダイチ」か「きんだいち」であって、「きン田1」というのはない。「ドラえもん」は例外的である。上野動物園の別館に「両生は虫類館」というのがあって、みっともない。「北朝鮮ら致被害者」というのは、北朝鮮等が致した被害者、のように見えて仕方なかった。常用漢字の制限が、かえって日本語をわかりにくくさせてしまっている。

ここで、ゴミがなぜひらがなで書かれないのか、という答えの一つが出てくる。「ごみをすてないでください」と書くよりも、「ゴミをすてないでください」と書いた方が、見て分かりやすいのだ。それは「ゴミ」が一語であることが明瞭に示されるからである。ひらがなばかりの文章は読みにくい。どこまでその言葉が続いているのか、わかりにくいからである。

外来語がカタカナで書かれる理由のひとつは、これであろう。外来語の音の続き方は日本語と異なるため、一語の区切りが予測しにくくなることがある。「せれぶはわいききがますと」というのを、一回で分かるのはよほどの人である。

日本語の膠着語という性格が、たくさんの表記体系の併用をもたらした。ひらがなもカタカナも漢字も、それぞれ覚えなければならないのには理由がある。

しかし、ゴミがカタカナ書きなのには、もう一つ大きな日本語学的な理由がある。

音を表す言葉

カタカナは国語審議会の答申によって外来語や擬音語・擬態語、専門用語などで使われることになっている。

しかし、現実の用字使用を見ていると、それだけではない。ゴミがなぜカタカナ書きされるのかを考えようとするとき、他にどんなものに使われているかを調べるのがもっともいい方法である。

気をつけていると、これが結構ある。

バカ、アホ、マヌケなど。またメガネ、クシ、クスリ。アメ、カギ、ソバ。田中クン、高橋サン、カーチャン……。

実をいうと、これらがなぜカタカナなのか、すべてに当てはまる理論はまだ見つかっていない。いろいろな考えは出されているのだが、決定的なものではない。

しかし、これらに共通するある傾向があって、それは、これらが口語的であるということである。

口頭で言われることが多く、文字化されることがあまりない。俗語や生活に密着した言葉であるというように言えると思う。

これは、カタカナが音声をそのまま表していると言うことが出来る。考えてみると、擬音語は言うまでもない。外来語も、音として聞くので、カタカナで表される。

フリガナ、というのは、カタカナで書かれることが多い。私の娘は名前が平仮名書きなのだが、小学校に入るとき、フリガナを振るのがなんだか馬鹿馬鹿しくなって、フリガナを書かなかったところ、ふだんから名前が漢字で書かれないことに劣等感を抱いていたらしく、「私にはカタカナもないのか」と文句を言ったことがあった。

名前の読み方をカタカナで表せ、ということは、名前を音で表せということであり、それなら平仮名書きよりもカタカナ書きのほうがふさわしい。

小学6年生の英語の先取り学習にはカタカナ書きが使われる。

外国人の日本語が「私ハ外国人デス」などと書かれることが多い。

これらは、カタカナが音を表記する、という仮名の分担がいつの間にかできあがっているということであろう。

ゴミは、音声で使われる言葉である。文字に書かれることがあまりない。それで、ゴミはバカと同じようにカタカナで表記される。

数字の言葉

漢字を使わない国の人に日本語を教えていると、思いがけない間違いがあって面白い。

「本をご冊買いました」という。いいのだけれど、気持ち悪い。ご冊ではなく、五冊だろう。5冊でもいい。数字を平仮名で書いて欲しくない。

しかし、気持ちは分かるのだ。アメリカ人は、数字を英語で書く。アラビア数字も使うけれど、アルファベットでも書く。日本語でアルファベットに当たるのは平仮名であるから、数字を平仮名で書いてどこが悪いのかという考えなのであろう。

逆に、日本人にとって、数字をアルファベットで書かれるのは、なんだか変だ。昔、中学校で英語を習ったとき、数字にスペリングがあるのが奇妙に思えなかっただろうか。ONE とか TWO とか、いちいち覚えなくてはならない。英作文の試験で THREE BOOKS というのを 3 BOOKS と書いてバツにされたことがある。いいではないか。わかるではないか。どうしてアルファベットで書かなければいけないのだ。19と90はスペリングでEがあったりなかったりする。そういう面倒くささは、怠惰な学生への当てつけとしか考えられない。

外国へ行って、その国のお金に両替してもらう。貨幣の表記というのが気になる。たいていの場合、どこかにアラビア数字が書かれているので困らない。しかし、アメリカとタイは、どこにもアラビア数字が書かれていないので、それがいくらなのか分からなくて困る。

アメリカの10セント玉は、5セント玉より小さい。間違えても仕方ない。ずいぶん不親切だと思う。タイ文字で書かれたお金は、質感や大きさで判断するしかない。

貨幣の文字は、その国にとって、かなり公式性が高いはずだ。一番正式な書き方なのだろう。そこでアラビア数字ではなく文字が使われるということは、数を数ではなくコトバとして考えているということなのではなかろうか。

計算のときには、アラビア数字を使う。しかし、正式には文字を使う。困るだろうと思う。

しかし、ひるがえってみると、日本語でも数字を平仮名で書いておかしくない場合がある。アラビア数字を使ってはいけない場合もある。私の名前は金田一というが、これを金田1と書くわけにはいかない。8王子も、3菱も変だ。どうしてだろう。

円周率の言葉

円周率を8万桁だか暗唱した人のニュースがあった。聞けば、最初北海道から出発して全国をめぐる旅を物語にして憶えたのであるという。

私も実は円周率は30桁まで言える。無駄なことであると言えばむだにはちがいない。まして8万桁というと、ギネスブックに載るということしかないけれど、30桁の私自身でも一度だけ役に立ったことがあるからバカにできない。

以前、アメリカのイェール大学というところで日本語を教えていたことがある。イェールというのは東部の名門大学で、なかなか頭のいい学生の集まるところである。というか、自分は賢いと信じているような学生たちである。で、日本語の数の数え方を教えていて、面倒くささに呆れていた彼らに、円周率を聞くと、3・1、そこから先は分からない、と言う。アメリカ人で高度な教育を受けている人の平均値がそれであるのだろう。

50人ぐらいのクラスの誰もが一致して、あいつは数学が出来ると言われている男の子がいて、コンピュータサイエンスを専攻している。で、彼に円周率を暗唱させたところ、5桁まで言えた。3・1415。英語でこれはかなりすごい。しかし、私はそれに続けて9265358979323846２……。

ついつい調子に乗って、では$\sqrt{2}$は、$\sqrt{3}$は、$\sqrt{5}$は、というと、2桁ぐらいしか答えられない。ヒトヨヒトヨニヒトミゴロ、ヒトナミニオゴレヤ、フジサンロクニオームナク、というのを書いてやった。平均的日本人は大抵これくらい知っている、だから今日の日本の発展があったんだぞ、と思わず力説したら、彼らもなんだか納得したみたいだった。

鳴くよウグイス平安京、とか、伊東に行くならハトヤ、電話はよい風呂、とか、日本人は年号や電話番号をだじゃれにして覚える。

どうしてこれが可能かと言えば、日本語に音の数が少なくて、同音語が多くなることがひとつ。もう一つは、ひとつの漢字に音訓があって、さまざまな読みが出来ることによる。数字はその時、いわば漢字的に扱われる。1は「ひ」だったり「ひと」だったり「い」だったりする。「わん」ということさえできる。大抵の日本語学習者は、一字一音対応でないことにうんざりするのだが、一字多音であることによって、日本語人は円周率を8万桁暗唱でき、世界一になることが出来る。やっぱり無駄か。

サインの言葉

地方の食堂などに行くと、そこへ来たことのある芸能人、スポーツ選手などのサインが飾られていることがある。たいていはカウンターの上、厨房の煙が届いてきて、油煙で汚れかかったような壁に、ビニールで包まれて、貼ってある。料理が出来るのを待つ間、手持ちぶさたなので、誰のものなのか考える。ちょっとしたクイズに近い。

それにしてもどうして、あんなに分かりにくいのであろう。誰のものか分かることは希《まれ》である。

親父に聞くことになる。「へえ」などと感心する。その分、親父の手が止まり、料理の出来るのが遅れてしまう。急ぐ旅でもない。ゆっくりと過ごす。

サインはわかりにくさを追求している。分からないことの方が、格好がいいと思っている。

昔、小学校、中学校の卒業の時、皆でアルバムのようなものを回したことはなかっただろうか。そこに皆のサインを書いてもらうのだ。それで、自宅でこっそりサインの練習などをしたことはなかったか。かっこよく、分からないように、のたくったような形をいろいろ作ってみる。偶然、何やら素敵に思えるものが出来る。困ったことに、もう二度と、同じ形のものが作れない。それでもなんとか、やっと出来るようになって学校へ行く。

誰からも書いてくれと頼まれない。恥ずかしき思い出。

サインは、言うまでもなく、それを書いた人が誰であるかを証明するためにあり、アイデンティティーを意味させるものであるのだが、それが分かりにくい必要はない。カードの買い物や、本人自署などという欄に書くときに、芸能人があのサインをするとは思えない。もう少し分かりやすい字で書くだろう。わざわざローマ字で書くこともない。

日本には古来、花押というのがあって、織田信長とか徳川家康とか、そういう人の命令書には花押が書かれていて、本人から直接下されたものであることが分かるようになっているのだが、それは単に署名者のアイデンティティーを示すだけでなく、形の美しさもなければならなかったらしい。

今でも、球団には、新人選手のサインを考えてあげる人、いわばサインデザイナーがいるらしい。文字本来の意味は失われている。形がよければ、それでいい。サインは抽象画である。

きれいな文字の言葉

習字の時間というのが小学校にあって、大の苦手だった。どうしてもうまく書けなかった。

「もっと丁寧に書きなさい」と言われた。「丁寧に書く」というのはどういうことなのか、理解できなかった。ゆっくり書けばいいのかと思ったら、そうではないらしい。

「力がこもっていない」、と言うので、更に分からなくなった。柔らかな毛筆の先に力が込められるわけがない。力強く書いたら、紙がやぶけてしまうではないか。

「姿勢が悪いのだ」と言われたりしても、背中を伸ばしたら、字が書けなくなってしまう。「気持ちがこもっていない」と言われても、「希望」や「日の出」というような言葉に気持ちの込めようがない。

冬休みの宿題に、書き初めというのが出される。これが何よりの憂鬱《ゆううつ》で、たいていは家の誰かに書いてもらった。先生は分かっていたと思うが、何も言われなかった。生涯毛筆は書くもんかと思い、今に至っている。

美しい字というのがある。達筆という。あこがれる。しかし、言葉という点から考えてみると、文字がきれいであることは、何でもない。

文字は、意味を伝えるシニフィアンだが、それが美しかったり醜かったりしても、シニフィアンの運んでいる意味、すなわちシニフィエに異同はないはずである。「初日の出」は誰が書いても「初日の出」である。しかし、私たちは「書」などと呼んで、美しさを愛《め》でる習慣がある。

言葉は音によって伝わる。しかし私たちは純粋な音を聞いているわけではなく、いつも誰かの声として聞く。音が理想形であり、声が実現形である。言葉は文字によっても伝わる。純粋な理想的な文字は私たちの頭の中にしかなく、私たちが実際に目にすることが出来るのは、誰かによって書かれた実現形としての書、あるいは活字である。

書は字だけの芸術としてある。理想形を実現形に変換する過程に芸術が生じる。音声言語にはその過程に芸術が入り込めない。声だけの芸術に近いのは声楽とか朗読とかであるけれど、声がいいというだけでは、芸術的価値が高いとは言えない。声がいいことはもちろんだけれど、表現技術やら、音楽との調和とか、いろいろあって、声楽は成り立つ。しかし、書は、字がきれいだというだけでいいらしい。書というのは大変微妙なところに位置する芸術なのだ。

筆書の言葉

書家とよばれる人々がいて、その作品が日展などに並べられる。言葉としての意味は、どんな悪筆であろうと、達筆であろうと、全く変わらない。何が違うのだろう。

美しい字形は、見ていて気持ちいい。何が書かれているのか分からないくらい変形された文字もあるけれど、ともかく、美しい。美しい形であれば、そこに書かれている言葉も、美しく感じられる。文字が美しいのであるから、書くために選ばれる言葉も、いい言葉でなければならない。いい言葉は、より美しく見る人の心に届くのであろう。素材として書かれる言葉はある程度決まっている。

しかし、言葉はきれい事だけではすまない。いろいろな意味を持つ言葉があるのだから、そういう書道があってもいい。以前、「フェラーリ」という書作品を見たことがある。「建築構造計算書」とか「ウィルスワクチン」とかいうようなことを書くとすれば、単なる美しい字、というのではすまされない。字形に心がこもらなければならない。心を込めた形であれば、そこに記されている言葉は、言葉の持つ意味以上の意味を伝えることが出来るであろう。

そのようにして書芸術は成り立っているのであるが、形の真実の追求をしても、書家にとっては残念であるに違いない現実が待っている。

名家とよばれる人々がいる。名門というのではない。いわゆる歴史的な有名人である。武将や政治家、思想家、文学者、芸術家などなどの人々のことで、こういう人たちの書いた文字が、骨董市場では大変な高価で取引されている。どんなに下手な字であっても、高名な書家の作品と同等、あるいはそれ以上の需要がある。石川啄木や宮沢賢治など、無名のまま若くして世を去った人々のものであれば、びっくりするような値段が付く。下手ではないけれど、それほどちゃんとした字であるとは思えない。人柄が偲《しの》ばれるような字であるが、お手本にしたい字ではない。

要するに、人が字に求めているのは、署名である。字はアイデンティティーを明らかにする。だからサインというシステムがある。

何が書かれているか、どのように書かれているかということは、実は全く問題ではない。一般的には、誰が書いたかということが字では問題なのだ。絵画や音楽、文学などの芸術とはどうしても異なってしまう溝がそこにあると思うのは、言語学者の感受性のなさによるのだろうか。

筆記の言葉

ちょっと前まで、私たちは筆記具を使い、手で文字を書いて文章を作り、考えたりしていた。少なくとも私個人は、80年代の半ばぐらいまで、文章は手で書いていた。

何かを考えながら書いているのだが、その時の文字の形は、思考に重大な影響を与えるような気がした。だからまず、筆記具を選ぶのは大変慎重にしなければならなかった。

最も気に入っていたのは、ペリカンの10年ぐらい置いて日に焼けたようなインク壺のブルーブラックであった。これを万年筆で書く。少しセピア色がかったような、薄く細めの字が、その頃の思考形態に合っていたような気がする。

ボールペンは今でも使う。気に入ったペンはすぐになくなってしまうから、見つけたときに大人買いをしなければならない。字は太め、ペンの胴も太め、ただし軽いペンがいい。

筆記具だけではなく、その時に書かれる文字の形も、思考の流れと影響し合うような気がする。気分的に落ち着いているときは、文字の形も安定していて、思考も安定しているように思う。なぜか文字が乱れ、粗っぽくなってしまうときがあって、そういうときに書いたものは、後で読み返すことが出来ないくらい貧しいことしか書けていない。

手書きのときは、そういうことが当たり前であった。自分の書体は自分の脳内環境の顕《あらわ》れであるように思える。で、これがパソコンで、キーボードで打つことが普通になって、なおまだ、字体と思考が関連し合っているようなのだ。

この原稿はパソコンで打っているが、いろいろな字体が選べる。で、私の好きなのは、MSゴチック、というものだ。40字×40行。ぴったり400字詰め原稿用紙4枚分にして書く。

教科書体や明朝体で書かれているものは、自分の考えではないような気がする。自分の考えが乗り移ってくれないのだ。他人が書いたようなよそよそしさがある。とりつく島がないのだ。MSゴチであれば、いかにも自分の書いたものであると思える。

少し丸く、面を隅々まで使って拡がった書体。粘りけがあるような、湿り気があるような、それでいて明るく軽い。そういう字体が私の思考をきっちりと載せて運んでくれるような気がする。

たかが機械の字である。画面の上に電気で映されているかりそめの文字なのだが、しかし、字形はとても大切なのである。

中華ソバの言葉

同じものが違う名前で呼ばれることはよくある。地方へ行けば方言があるし、時代差や世代差もある。しかし狭い東京の中の同時代で、さまざまな名前が同居するというのは、あまり無いのではないか。

中華ソバという。私にとっては、子どもの頃からこれが一番馴染んだ言葉なのだ。祖母たちはシナソバと言った。支那というのが差別語であることは、後年知った。祖母に差別意識があったとは思えない。しかし、差別意識は使う側になくても、使われる側がその存在を決定できるものだから、使わないに越したことはない。

しばらくしてラーメンというのが、実は中華ソバのことなのであると知った。五目ソバやチャーシュー麺は、ラーメンではない。野菜が多いとか、焼き豚がたくさん載っかっているとか、そういうことで区別される。塩味のものはタンメンであって、ラーメンではなかった。

で、今、このラーメンの表記が無茶苦茶に多い。ラーメンがもっとも普通であるが、漢字の拉麺、柳麺、というのがある。平仮名でらーめん、らあめん、らうめんというのがある。ローマ字でRA-MENというのも見たことがある。

どれも同じものであるらしい。発音は全てラーメンである。しかし、同じであるのか。

私の知っているラーメンは、今で言う荻窪ラーメンであり、醤油味でシナチクとチャーシューとナルト、それにほうれん草が入っていて、ネギが散らしてある。ノリも一枚載せてある。そういうものであった。

しかし、このごろのラーメンは、違うものである。みそ味やとんこつ味がある。具もトッピングなどと言って、無数である。麺も太いのや細いの、変に硬い紐のようなのや、平べったく伸してあるもの。実にさまざまであって、これを同じラーメンという名前で呼んでいいモノかどうか分からない。同じものとは言えないのではないか。昔のチャーシュー麺と五目ソバの違いと同じくらい異なるものが、いまはラーメンという同じひとつの名前で呼ばれている。

バラエティが出来たから、表記もバラエティに富んできた。しかし、それがうまく実物と対応しているかというと怪しい。店によって勝手に名前を変える。店によって実体が異なる。表記法なんかに工夫するより、味に工夫してくれた方がいいと思う。

左右自在の言葉

日本語の表記法は、漢字、平仮名、片仮名の3種類が主に使われる。それは日本語の重要な特徴である。縦書きでも横書きでも構わない、というのも、漢字圏以外では珍しいにちがいない。

手で書こうとすれば、縦書きのほうが書きやすい。しかし、ワープロで書く場合は、だんだん下がっていくので、横書きは嬉しい。

縦書きで困るのは、住所を書くときで、一一‐二三‐一二というとき、横棒ばかりが並んでしまいそうになる。大きく一二三二というような番地だと、弱る。

しかしまあ、縦でも横でも、好きなように選べるのはいいと思う。横書きしかできない英語の場合、困るのは本屋である。洋書売り場へ行くと、首が右にかしいで痛くなってしまう。英文字を横のまま、縦に読み下すのは慣れないと出来にくい。外国人を見ていると、首を右にかしげている人はほとんどいない。縦書きの看板も作りにくいだろうと思う。たまにあるけれど、どっかエキゾチックな雰囲気が漂う。

横書きの場合、日本語は左から右へ書いていく。古いものは右から左へ進む。縦に一字書いて、次の行に書く、というカタチをとるので、右から左になる。

そんなに古いものでなくても、右から左へ書かれている場合が日常的にあって、クルマの横についている会社名の場合である。気電藤佐などと書いてあって、分かりにくいけれど、クルマは前に走っていくので、車体の右側の文字は右から左に書くことになる。

ただ、どんな文字でもいいのかとなると、これが出来るのには制限があって、数字やアルファベットは難しい。電話番号を逆さまに書かれると、どうしていいのか分からなくなる。英語は逆から読むという文字的な読まれ方をしておらず、むしろ模様とか意匠に近い扱いを受けていて、逆さまにされることがない。

と、ここまで書いて例外を見つけた。

ひとつはNIというのだ。郊外の大通りのガソリンスタンドの看板である。最初は何ごとかと思ったのだが、よく考えると、入り口のINを、走る方向にあわせて変えたものだった。トラックでも見つけて、SSERPXEというのだ。運送会社のものだった。英語が日本に浸透したしるしとして、慶賀すべきことかもしれない。

オリンピックの言葉

この原稿を書いたのはトリノ冬季オリンピックの真っ最中だったが、メダルが取れなくて全体的にしぼんでいた。あれほど「感動をありがとう」などと叫んでいた中継アナウンサーたちも、トリノ大会はちっとも感動しないらしく、あまり聞かれなかった。日本がメダルを取れなければ感動がないらしい。その自己中心性のおかしさに気づかないのだろうか。

スポーツにドラマを見て面白いのだという。スポーツにドラマを見るのであれば、スポーツなど見ずに、ドラマだけ見ていればいいではないか。ドラマがあるから面白いなどと言うのは、ドラマを上位に置き、スポーツ観戦を下位に置いていることになる。それはおかしくないか。

などと突っ込みをしながら、トリノ五輪を見ていたのだが、考えると、五輪と書いてオリンピックと読むのは、かなり無理であるにもかかわらず、平気になっている。

漢字の読み方や書き方には制限があって、テレビや新聞では常用外の漢字をあまり使ってはいけないことになっている。だからこそ、「拉致」は「ら致」と書かなければならなかった。それなのに、オリンピックを五輪と書いていいのだろうか。

そもそも、オリンピックに五つの輪という意味は全くない。オリンピックは古代ギリシャの地名であるに過ぎない。五つの輪は五大陸を示しているだけのことだ。五輪で「五大陸」と読むのなら、まだ分からないでもない。しかし、「オリンピック」はないだろう。

米国と書いてアメリカと読む。煙草と書いてタバコと読む。漢字で外来語、外国地名を表すことは、決して珍しくない。しかし、いずれも、音や意味の関連性のある漢字が使われている。W杯をワールドカップと読む。「杯」はこのとき「カップ」と読むことになっている。かなり無理があると思うが、しかし、意味は通じている。

五輪はどうやってもオリンピックにならない。ゴリンという音がオリンに似ているというのは、偶然であると思われる。五輪がオリンピックと読まれる由縁は、オリンピックを象徴するマークを漢字で書いているに過ぎないのであるから、それでいいのなら、天皇と書いてニホンと読んだっていいことになる。

なんだか文句たらしい文章になってしまった。これも今回の日本選手の成績がいっこうにふるわなかったせいである。

声に出して読めない言葉

日本語の音は100ぐらいしかない。それら全ては平仮名とか片仮名で書くことが出来る。しかしそれは、和語や漢語の共通語に限られたことで、外来語や方言を足せば、もっと数が多くなる。例えば、「トゥ」とか「フォ」とか「ティ」

とかという音は、和語・漢語にはないけれど、外来語では「トゥーフォーティー」などと書くことが出来る。「ツァ」というのも、共通語にはないけれど、「こいつぁ春から縁起がいいわい」という東京方言のセリフや、「ツァーリ制」というような外国の歴史制度の表記には出てくる。「クヮ」や「ウォ」にしても、そのように発音する人は九州を中心にいくらでもいる。

日本人がふつうに聞き分けられる音であれば、たいてい、仮名表記が成立する。RとLは聞き分けられないので、「ライト RIGHT」も「ライト LITE」も同じになってしまい、何故右は軽いのか、という訳の分からない疑問も生じてしまう。

そこで、聞き分けていたのだけれど、あえて書き分けることをしなかったものも、知恵のあるものが考えて書いてみて、後に続く人が出てくる場合もある。ひらがなの「あ」に濁点の付いた「あ゙」である。

パソコンは、母音に濁音を付けることが普通出来ないが、ケータイメールではちゃんと母音に濁音が打てる。さすが若者文化に精通した人が発明したものだ。最初に見たのは、学生からの手紙で、15年ぐらい前だったから、それより少し以前に、誰かが発明したのだろう。ちょっとびっくりしたときに発する、少しくぐもったような音。声門の破擦音に近い、つまり「ガ」に近い音。はっきりと驚いているのではなく、忘れていたことを思い出したときの「あ」。

あの音を表記しようとすれば、たしかに「あ」となってしまう。これが出来れば、「ゔ」も「う」も「ゑ」も「お」もできる。発音も仕分けられる。

こうしたことは、区別される音があって、それを文字化しようとして出来たものである。逆に、書けるけれどどうしても発音できないという表記もある。そしてそれを見つけた。

「ヌューダ」という炭酸飲料だ。NUDAというのが大きく書かれているから目立たないけれど、日本語表記はこうなっている。「ヌュ」である。どう発音するのだろうか。「ニュ」や「ヌ」とどう区別するつもりなのか。難読カタカナである。

5章　おしゃべりなコトバ

無口の言葉

子どもは考えることと口に出す言葉とが一致している。感じたことはすぐに言葉になる。言葉になったことは、感じていることである。

小さな子どもが、一日中ひっきりなしにおしゃべりをしている。50年あまり生きてきている私でも、一日中しゃべっていろと言われたらかなり困ると思う。まして、そんなに人生経験もないのに、どうしてそんなに話すことがあるのか呆れてしまうのだが、なんやかんやとしゃべり続ける。例えばバスに乗って子どもを観察していると、そこから見えるモノを、片端から列挙する。大人であれば、「あ、ドラえもんの着ぐるみを着た人が歩いているな」と思っても、それをいちいち言葉に出すことはないけれど、子どもは、ドラえもんがいたと大騒ぎする。パトカーが見えると、パトカーが見えたと言い、コンビニが見えればコンビニが見えたと叫ぶ。見るモノすべてを言語化していれば、確かに話の途切れる暇はない。黙るのは眠っているときか、ものを食べているときぐらいしかない。

大抵の人間は、成長するにつれて、考えることをそのまま口にすることをしなくなる。内言と外言を区別して、中には外言を抑制してしまう人間もいる。日本の男は、おしゃべりであることを慎むべきこと、はしたないこととして考え、物言わぬことを美徳としてきた傾向がある。したがって、そういう人がたまに口を開くと、何やら大変重々しく、とても重要で、しかも考え抜かれたことであるかのように感じさせられる。つまり、内言はいっぱいあったけれど、そのエッセンスだけが外言化されたのだと捉えられ、熟慮の重ねられた正しい意見であるかのように錯覚される。

要するに、男の作戦にすぎない。無口であることを武器に、自分の発言を通そうというストラテジーである。ただ無口であることは、何を考えているかわからないと、なにやら腹黒そうに見えてしまう。

逆におしゃべりな人間は開けっぴろげで正直な善人に見える。しかし同時に、内言の存在を感じさせない分、何も考えていない人にも見えてしまう。

無口であろうと、おしゃべりであろうと、どんな人でも考えられることの量はあまり変わらない。だったら、陽気なおしゃべりの方が、陰気な無口の人より、相手にするには楽に思える。

子どもの呼ぶ言葉

「遊ぶ子どもの声聞けば、我が身さえこそ揺るがるれ」という、古い昔の歌がある。「遊びをせんとや生まれけん、戯れせんとや生まれけん」という句に続く。遊ぶために、戯れるために、私たちは生まれてきたのだ。遊ぶ子どもの声を聞くと、私の心もうきうきとしてくる、というような意味である。

遊女の作った歌だという説がある。囚われの身で苦界に身を落とした女が、外で無邪気に遊んでいる子どもたちの声を聞いて歌ったという。そう思うと、いかにも哀切な気さえしてくる。そんな子どもたちの遊ぶ声が聞こえなくなって、どのくらいたつだろうか。

小学生の頃、平日の昼下がり、部屋でぼんやりしていると、私の名前を呼ぶ友だちの声がする。大あわてで、窓から返事をして、外へかけだしていく。そうやって、私たちは仲間と遊んでいたものだ。

気づいてみると、近頃、友だちの家の前で、道から大声を出して呼び出すという光景を目にしない。声も聞かない。彼らはどうしているのだろうか。

インターフォンを鳴らしている。そうやって、友だちを呼び出すらしい。インターフォンを使うなど、生意気である。子どもはそんなことをしてはいけないものだった。私自身、友だちの家でチャイムを鳴らしたのは、高校生のときが初めてだった。名前を大声で呼ぶのがなんだか恥ずかしいことに思えてきて、ドキドキしながらベルを鳴らした。よく知った声のおばさんが出て来て、自分の名前を名乗り、友だちを呼んでもらった。階梯《かいてい》を一つ上ったような気がした。

しかし、今や、幼稚園児から、こんなことをしている。マンションではそうせざるを得ないのだと言う。今大学生である若者たちで、友だちの名を大声で呼び出すということをしたことがないという者が多い。大声を出すことは子どもの権利であるはずだった。子どもの生の大声は、大人の心を揺さぶるものであったのだ。

電話も、子どもには禁止されていたはずなのだが、小学生低学年がケータイで友だち同士連絡を取り合うのは珍しくも何ともない。

私など生まれて初めて友だちから電話がかかってきたときの驚きを、いまだにはっきりと覚えている。衝撃的な出来事だった。友だちとの電話など全く別世界のことだった。

子どもに禁じられていた言語手段が、今やなくなっている。遊ぶ子どもの声も聞けないわけだ。

おしゃべりな言葉

世の中にはいろんなことがあって、複雑であったり、あいまいであったり、強烈であったりする。そういう世界を私たちは生きている。しかし、それらのことをそのたびごとにいちいち言葉に換えて暮らしているわけではない。

どんなにおしゃべりな人であっても、黙っている時間と比べれば、言葉にしている時間は、そんなに多くないだろう。トイレにいるとき、電車に乗っているとき、一人で夜寝るとき、たいていは黙っている。それが普通である。これがこのごろ変わってきたのではないかという指摘がある。テリー伊藤氏が言うのだが、若者たちのメールは、ふつう、言語化しない事柄を言葉に換えている、というのだ。

ケータイを手放さない彼らは、いったいどんな文を書いているのか。

私の大学は最寄の駅から離れている。放課後、大学近くに住んでいる女子学生の部屋に上がりこんでいた男子学生は、今日中に家に帰るためには、どうしても夜10時ごろの最終バスに乗らなければならない。これを称してシンデレラバスという。二人でバス停まで来て、ジャージを着た女子学生がそのまま残り、男子学生が乗り込んでくる。席に座って手を振る間もあらばこそ、早速ケータイを取り出して、送信を始める。

「席に座れた」

「前にいる子どもがウザイ」

「今日の肉ジャガおいしかったね」
「もう家に着いた?」
「バスはめんどい」

全く内容のない文を作って、彼女のケータイに送り続ける。彼女からもずっと返信が届き続けているらしい。そのうち、「今ケータイしてる」「あたしもケータイしてる」とか言い出さないか心配である。

いったい、そんなことどもを、どうして言葉に換えなければならないのだろう。黙って座り、黙って前にいる子どもを不愉快だと思い、黙っておいしかった肉ジャガを思い出し、黙ってバスの面倒くささを感じる。それがまっとうな人間の態度だったはずだ。彼らは音声言語を発するわけではないけれど、文字言語を送り出し続ける。空虚な現実を言語化して、何が楽しいのか。それを伝えることに、どんな意味があるのだろうか。こんなことをしていると、今までとは全然違う人間になってしまうのではなかろうか。いや、すでに普通でない人間になっているのか。

今後の成り行きが注目される。

6章　ややこしいコトバ

同じ意味の言葉

日本語を外国人に教えていると、同じような言葉の違いを聞かれることがある。日本語は、基本的な言葉の中で、何故か似たような語が多くて、学習者も困るし、何より教える教師が困る。ややこしいのである。

「病人」と「患者」はどう違うか。どちらも似ているけれど、病人は病気の人、患者は病院に行く人であって、怪我人もいる。そうやって安心していると、じゃ、妊婦はどうなるのか、などと聞いてくる意地悪な学習者もいるので、気をつけなければならない。妊婦は患者だろうか。どうも違う。なにより保険がきかない。ま、妊婦以外の病院にかかる人だ、などと誤魔化すことになる。

「先生」と「教師」はどう違うか。同じ人なのだ。しかし、指し示すものが同じであっても、言葉の方は意味が異なる、ということがある。同じ状況を、味方はチャンスというけれど、敵はピンチというかもしれない。「先生」は偉さを示すけれど、「教師」は職業を示すだけである。

「女」と「女性」はちがうだろうか。先日ニュースで使い分けているのを聞いた。「59歳の女性が、43歳の女に刺されて殺されました」というのだ。最近はどうも、女性はいい人、女は悪い人を言うらしい。

「ピッチャー」と「投手」はどう違うか、というのもある。これなど、どう考えても同じものを指しているとしか思えないのだが、言葉の使い方が異なる。「江夏投手」とは言っても、「江夏ピッチャー」とは言えない。ピッチャーゴロはあっても、投手ゴロというのは、ごろつきのヤクザな投手になってしまう。

このくらいならまだ易しいほうであって、「たいてい」「だいたい」「ほとんど」「たいがい」の4つはどう使い分けるのか、などという質問もある。同じですと言ってしまえば簡単なのだが、語形が違うのに意味が同じであるということはあり得ない。

もし意味が同じなら、どう考えても、二つ存在する必要がない。無駄なことであって、言葉の経済から、一方は捨てられる。

すべての文脈において置き換えが可能である言葉を同義語というのだが、そういう言葉はない。

辞書には書かれていない意味の違いを見つけるのは、たいてい、だいたい、ほとんど、たいがいの日本語教師にとって、必須の、しかし面白い作業である。

似た言葉

日本語には似た言葉が多くて困る。英語だって、CAN と BE ABLE TO とどう違うのか、HAVE TO と MUST はどう違うのか、いつまでたっても分からないので困る。英会話の先生に、そういうことばかり聞きたくなる。意味論研究者はそういうことにしか興味を示さない。

それで、たいていの英会話の先生に嫌がられる。そりゃそうだろう。そんなことは今あなたの問題ではない。もっと発音を何とかしなさい。その薄汚いRの発音を何とかしろ、とか言いたいのだろうな、と思う。まして、特別な訓練を受けているわけでもないアルバイト英語人である。日本に来たついでにお金を稼ごうかと思うような連中である。分かるわけがない。

日本語で、そういう類義語に相当するものには「へ」と「に」の違いというのがある。「学校へ行く」というのと「学校に行く」というのはどう違うのか、という問題である。

どっちだって構わないと言えば言える。しかし、じゃあ二つあるのは何故か分からない。そこで良心的な日本語教師は、「へ」と「に」の違いについて、必死になって考える。「へ」は方向を表す。「に」は到着点を示す。「へ」は方向を示すだけだから、「学校へ行く」は「学校の方へ行く」というのと同じになる。「に」はなんらかの目的地に到着するということで、「学校に行く」は、学校に着かなければならず、しかもそこで何らかの活動をすることが期待される。そういえば、GO TO SCHOOL と GO TO A SCHOOL の違いを昔習ったではないか。一方は勉強するの意味であり、もう一方は学校という建物へ行くという意味だった。これと同じだ、などと考えることになる。

そのように説明すれば、外国人はそういうものかと納得してくれる。しかし、そんな説明は、日本人にはあまり聞かせられない。「へ」と「に」に、そんな大きな違いがあるように思えない。「トイレへ行く」も「トイレに行く」も、することは同じだ。

なかなか違いが説明できない。私は方言の違いだろうと思う。「筑紫に京都へ関東さ」という言葉があった。九州では「に」を使い、京都は「へ」を使い、関東は「さ」を使っていた。明治維新で共通語が出来たときに、九州と京都の言葉が流入してきて二つの助詞が併用されるようになった。似た言葉から、近代日本史が見えてくることもある。

反対の言葉

反対語というのがよく分からなかった。

国語の時間に言われるのだ、次の言葉の反対語は何でしょう。「右」の反対は「左」であり、「前」の反対は「後」であるという。右左はまだいい。「前」の反対は何故「奥」ではないのかよく分からなかった。

方向の言葉なら、まだわかる。「男」の反対が「女」であり、「コドモ」の反対が「オトナ」であるという辺りから、私は分からなくなってくる。「コドモ」の反対は「赤ちゃん」じゃいけないのか。「男」の反対は「オカマ」ではないのか。男と女はとてもよく似ていて、そもそも反対ではあり得ない。もっと反対なものが世の中にはたくさんある。何故、「男」の反対として、「お酢」とか、「一期一会」とか、全然異なるコトではいけないのか。「ボクシング」の反対は「レスリング」か。「机」の反対は「椅子」か。「新聞」の反対は「雑誌」なのか。

全く異なる事柄は、しかし、無限に広がっていく。もしそういう言葉が正解であるとしたら、世の中には、「男」の反対語がいくらでもあることになってしまう。それでは先生が困るであろう。それで無理やり、「男」の反対は「女」であるということにしているのだろう。先生も大変であるなあ、と、無知な小学生はそのように考えていた。

だいぶ後になって、言葉を飯の種とするようになって、反対語というのは、実は類義語の一つなのだと分かるようになった。

「男」と「一期一会」は違いすぎるのだ。いろいろな意味の要素があって、そのうちのほとんどは一致していて、しかし決定的などこかの要素が異なるというのが、反対語というカテゴリーなのだ。「男」は「女」と、生き物である、しかも人間であるとか、いろいろ共通項を持っているのだが、性別という一点において対立する。そういうものを反対語という。反対、というのは、異なる、ということとは違うことなのだった。

意見が異なる、というのは、その意見に反対するということではない。反対も賛成も、似たようなことなのであって、同じ土俵に上がりうる。意見の異なる人は同じ土俵に上がれない。

賛成か反対かの二者択一を求められても困ることがある。そもそも異なるのである。「男」の反対は「一期一会」だと考えてしまうのだから、話にならないのだった。

「も」の言葉

「も」という助詞について、考えている。

「も」は専門的には係助詞という。「も」は、いろいろな格助詞にくっついて、同じであることを表す。例えば、

「木村さんは男だ。香取さんも男だ」

「中居さんは当選した。草彅さんも当選した」

などと使う。

「も」で導かれる句は、前の文の「は」に続く句と同じことを繰り返すようになる。香取さんは木村さんと同じであり、中居さんは草彅さんと同じであると言う。従って、あるものとあるものが同じであるかどうかを知るためには、「も」が使えるかどうかを考えればいい。

「稲垣さんは目がぎょろ目だ。城島さんも目がぎょろ目だ」という文から、目がぎょろ目であるということに関して言えば、稲垣さんと城島さんは同じであるこ

とを示す。

しかし、次のような文も可能になる。

「みんなですき焼きパーティだ。木村さんは肉を買ってきた。山口さんもお鍋を用意した。国分さんも野菜を持ってきた。松岡さんも部屋を掃除した」

このとき、木村さんと山口さんと国分さんと松岡さんは違う行為をしている。同じではない。しかし「も」が使える。

部屋を掃除した松岡さんに関しては、多少無理があるかもしれないが、しかし、使えると思う。

なぜ、違っていても「も」が使えるかと言えば、「すき焼きパーティ」という一つのイベントにみなの行為がくくられて、一緒くたになっているからである。一つのカテゴリーにまとめられる行為であれば、それは同類のこととして「も」が使えるようになる。掃除をすることと買い物をするのはかなり違う行為であり、同類項にすることは普通出来ないけれど、出来ないわけではない。

「木村さんは男だ。長瀬さんも女だ」というのも、「みんなオトナの人間だ」という文が前にあれば、無理がなくなる。

同じである、ということには、同じカテゴリーに含まれる、ということであって、決して寸分違わぬということではない。

だからその気になりさえすれば、全ては同じであるとさえ言えてしまう。

一切の区別は「も」の前では迷妄にすぎない。

同じな言葉

同じ、という言葉をこの本ではいっぱい使っているのだが、実はこの「同じ」という言葉は、文法的にいうと、大変やっかいな言葉であることが知られている。例えば、「同じ言葉」というのと、「同じな言葉」というのと、「同じの言葉」というのと、3通りの形が出来る。「同じな言葉」というときの「同じな」は、形容動詞的である。「同じの言葉」の「同じ」は名詞的である。「同じ言葉」というときの「同じ」は名詞を修飾する副詞、という、なんだか訳の分からないものになってしまう。一つの言葉の品詞が定まらない。少し古い言い方であるけれど、「志を同じゅうする者」の「同じゅう」は形容詞である。「同じい」という形もないではない。「同じかった」というのも、別に間違いとは言い切れないのだ。

全ての語は、文法的にその働きが決まっていて、他の語と繋がるときの形の変化によって、品詞分類される。しかし、「同じ」は、変幻自在、ちっとも形が定まらない。文法学者を悩ませる例外的な語なのである。

辞書を引くと、副詞とか名詞とある。名詞というのは、少し変である。副詞というのは、仕方がない。というのは、副詞ごみため論というのがあって、品詞分類で困ったら、副詞にしておけば間違いないというのだ。

例えば数詞や時を表す言葉。「一本の鉛筆」であれば、その時「一本」は名詞のようであるが、「ここに鉛筆が一本ある」というときの「一本」は、副詞的な振る舞いをする。「朝の缶コーヒー」の「朝」は名詞的だが、「朝、缶コーヒーを飲む」だったら「朝」は副詞的である。

文法的、形態論的な立場から離れて、意味的に考えても、「同じ」というのは、名詞や動詞、形容詞の表す事柄についての判断だから、形容詞的であったり副詞的であったりするだろう。

つまり、「同じ」というのは、トキやトコロ、モノやコト、いろいろなことについて判断が下せる視角を持っているのだろう。

ちなみに、「同じ」の対になる「違う」や「異なる」は、日本語の場合、動詞である。おかしなことだ。「同」は、まるでヌエのように、あらゆる判断の隙間に入り込んでいるのだが、「異」や「違」という判断は、動作や行為としてダイナミックに、あるいは限定的に捉えられている。

ここから先の議論は、誰か認識哲学者でも呼んでくるしかない。

7章　まんなかのコトバ

芋の言葉

某ハンバーガー屋へ娘と入った。娘が「イモが食べたい」と言う。この店に焼き芋は売っていないだろうと思ったのだが、娘の言う「イモ」というのは、ジャガイモのことであった。

確かに、フライドポテトは定番のメニューである。

それにしても、ジャガイモをイモというのにはいささか衝撃を受けた。それで気になって、大学の教室で聞いてみると、三分の一ぐらいが、「イモ」と言って思い浮かべるのは「サツマイモ」ではなく、「ジャガイモ」であった。

さらに「イモのみそ汁」というと、ジャガイモ率は更に上がる。

ジャガイモのみそ汁はあまり好きではない。普通は里芋であろう。せめてサツマイモであろう。しかし世代を超えて、イモのみそ汁はジャガイモのみそ汁だと思う人が半数以上いる。

あるコトバによって真っ先に思い浮かべるようなものを、プロトタイプという。若い世代であれば、「イモ」のプロトタイプは「ジャガイモ」に変わりつつある。

私の世代では圧倒的に「サツマイモ」である。そして更に世代が上がると「里芋」になる。

地方では「里芋」率が高くなる。山形県で行う芋煮会というのは、ジャガイモやサツマイモを煮るのではなく、里芋を煮る。

芥川の小説に出てくる芋粥は、里芋の入った粥であるらしい。

つまり原作の今昔物語の時代では、「イモ」のプロトタイプは里芋であったことが分かる。私は長い間、サツマイモを代用に入れたお粥のことだと思っていた。甘さが嬉しくないだろうという印象だったのだが、里芋の粥であれば、一度ぐらい食べてみたい。

確かに、「サツマイモ」というのは、薩摩地方のイモの意味であって、今までの普通のイモとは異なるぞ、という命名の仕方がされている。ジャガイモも、ジャガタラから来たイモのことで、名前の付け方から、その一般化の新しさがわかる。

焼き芋と言ったら、ベイクドポテトを思い浮かべるようになるのだろうか。「イモの天ぷら」と頼んだら、ジャガイモの天ぷらが出て来てしまうのだろうか。イモねえちゃんは、ジャガイモのような娘さんのことを思い浮かべるようになるのだろうか。

サザエさんの歌の言葉

「サザエさん」のテーマソングがある。「お魚くわえたドラ猫、おーいーかけてぇ」という歌である。

あれを聴いて考える。あのドラ猫がくわえているお魚は、どんな魚であると思うか。

試みに大学の教室で聞いてみると、いろいろな答えが出て来て、面白い。みんなさまざまなことを考えているものだと感心する。

或者はマグロであろうという。それも切り身である。

料理をしようとしてちょっと目を離したすきに猫が取っていくのであるから、一匹の魚であるよりも、むしろ調理を必要とする魚であるだろうという。確かに、目を離す暇がなければ猫が泥棒できるはずもないから、この意見にはいくらか説得力がある。丸ごとの魚は、塩をふってすぐに網に乗せるので、袋から出して焼き上がるまで、取られる隙がない。切り身は取られる可能性が高いのだ。

しかし、だいたいの人は、一匹の生の魚を想像する。サンマでは大きすぎるであろう。サバも無理だろう。イワシか小アジのようなものを考えているのではないか。南蛮漬けにするために買ってきた一匹を盗られたのだ。きっと。

たとえば、金魚ではない。猫がくわえることを考えると、面白がって金魚鉢を倒して、とびだした金魚を食べようとするのはいかにもありそうなことであるけれど、サザエさんは死んだ金魚のために猫を追いかけるとは思われない。

この時の「おさかな」は食用の魚である。

ウナギの蒲焼きも、あまり思いつかない。調理された魚は、あまり「おさかな」っぽくない。ましてウナギの蒲焼きは、「おさかな」と言われれば確かにそれ以外の何者でもないけれど、おさかな以外の何かである。サシミも、死んだ魚の生の肉ではあるけれど、猫がくわえて逃げる絵が思い描けない。

「さかな」と言って真っ先に思い浮かぶようなものをプロトタイプという。典型的なもの、標準的なものであるのだが、しかし、プロトタイプも、それがどのような状況であるかによって変わる。サザエさんが調理しようとして猫がくわえて逃げてそれを追いかける、という状況における「さかな」のプロトタイプは、水族館の「さかな」とはだいぶ違うだろう。

主人公の言葉

イギリスへ行って、シェークスピアの劇を見た。ロイヤルシェークスピア劇団の『から騒ぎ』という演目で、似たような若い登場人物が多く、それが出たり入ったり、めまぐるしく動き回る。ただでさえ、英語が理解できないのに、私は人の顔の区別がつかないものだから、訳のわからないうちに終わってしまった。一緒に行ったシェークスピア好きの人間に、一体誰が主人公だったのか、と聞いたら、この劇に主人公はいないのだ、シェークスピアの劇は、登場人物全てが主人公なのだ、と言う。

そんなことはあるまい。それぞれの人物のキャラクターをしっかりと造形しているということにおいて、沙翁の劇では全てが主人公なのだ、というのならわかる。しかし、どうしたって、中心人物というのは、ストーリーの組み立てにおいて必要であろうと思う。主人公がいなければ、まとまらない。少なくとも古典的な作劇であれば、詳しく語られる人、観客が自己同一化できる人、鍵になって物語を展開していく人がなければ、理解しにくくなってしまう。

しかし、よく考えてみると、どうしてストーリーにおいて、主人公が必要なのであろうか。

先日テレビでゴールデングローブ賞の授賞式をしていた。主演男優賞や、助演女優賞を発表している。映画だってそうだ。映画の中で、主演しているスターより明らかに目立っていい演技をしている脇役がいて、そっちばかり気になってしまうということがあるけれど、しかし、あくまでも主演は主演、助演は助演なのである。

どうして、シテとワキが必ずあるのか。人類が発明した「物語」という仕組みが、ほとんどの場合、そのような構造を持ってしまっているのはなぜなのだろう。

文学理論は門外漢だから、これ以上この問題に踏み込まないことにする。しかし、劇で主人公を作ることと、文表現において、主格に何が選ばれるかというのは、似たような事柄に思えるのだ。

人は何かを見るときに、中心的な事柄と、背景的な事柄とに分け、その二つのものの統合として、構造をもった形で認識する。ゲシュタルトというのは、大雑把に言えばそのようなことである。『から騒ぎ』に、私は中心的なものが見つけられなかった。だから、全てが背景のようにも見えてしまった。全てが背景、であるというのは、結局、混沌状態である。整理がつかない。文の中にも主人公が必要なのだ。

二人の主人公の言葉

一つの劇に登場する主人公は、普通一人しかいない。二人いる場合はカップルとか夫婦である。二人はたいてい同じような行動をする。だから、物語を聞く人は、あまり困らずに筋書きを追っていける。二人がまったく別々に動いているように始まっても、いつかこの二つが一つになるのだと安心して読み進んでいける。

一つの文に、二つの中心があることは、あまりいいことだとは思えない。どちらかが主になり、どちらかは副になる。そうしないと落ち着かない。少なくとも印欧系の言語ではそうなっている。

日本語は、実はそうではない。中心のことは、分かりきっていれば、簡単に省略される。いわゆる無主語文、というのがありうる。また、二つ以上の中心が存在することもある。

「象は鼻が長い」という文を、聞かれたことがあるだろうか。日本語の文法学が生んだもっとも有名な文の一つだろうと思われる。この文は、日本語において主語とは何かという大議論を生むきっかけになった。「象」が中心なのか、それとも「鼻」が中心なのか。

例えば、この文を英語に直そうとすると、一筋縄ではいかない文だということがすぐに判る。何を主語にしていいか判らないからだ。結局「象の鼻は長い」というような文章に変えなければならなくなる。しかし、「象は鼻が長い」と「象の鼻は長い」というのは、微妙に意味が異なるだろう。

ここでいっそのこと、二つの中心があるということを認めてしまえ、という議論が出てくる。ただ、この二つの中心は、少し役割が異なる。「象について言えば、鼻が長い」というように考えると、「鼻」は「象」の一部である。二つの中心が並列的に並んでいるのではなく、一つの中心が、もう一つの中心に包括されており、しかもどちらも同じ強さで自分を主張している。「鼻」は「象」の従属物でありながら、「象」と同じように、自分のことを注目せよ、と言っている。

これは、図と地という単純な対立ではないし、中心と周縁という構造でもない。この二重主語をうまく捉えられない。そんな大変なことをいともたやすく日本語は表現しているのだ。そんな奇妙なことをしているということに気づきもせずに、平気でそういう文を作り出し、そんな文を理解している。日本人はひょっとすると、まか不思議な頭の持ち主なのかもしれない。

ヒトの言葉

私たちは言うまでもなく、ヒトである。ヒトなので、ヒトのことに興味がある。例えば、波打ち際で遊んでいる子どもがいるとする。そこに突如、大きな波がやってくる。波が打ち寄せる。子どもが溺れる。こういう状況を、どのように表現するか。波が子どもをさらった、と言うか、それとも、子どもが波にさらわれた、と言うか。

どちらでも、文法的には正しい。

しかし、どちらが自然な日本語であるかと聞かれたら、多くの人が、子どもが波にさらわれた、のほうが適切であると思うだろう。

この二つの文で、何が違うかと考えると、いうまでもなく、主格になっているものが違う。

波が主格の文と、子どもが主格の文である。どっちでもいいのだが、波より子どもを主格にしたくなる。少なくとも日本語は、そのようである。

主格になるものは、私たちにとって、大切なものである。

波と子どもとどちらも客観的には風景の一つに過ぎない。どちらを主格にするかということは、どちらを中心にしてこの世界を記述するかということである。その場合、波よりも、子どものほうを、中心にして、この世界を描写したくなる。

どうしてかといえば、私たちがヒトであって、波ではないからである。

私は犬を飼っているのだが、実を言うと、犬が好きではない。

たとえば道を歩いている。前を歩いている人のあとについて行く。近所の家の門の前を通り過ぎていく。何故か必ず、私がその家の前を通ると、その家の猛犬が現れる。そうして吠える。びっくりするし、怖いのだ。犬は分かるらしいのだ。

そうして、嚙み付いてきたりする。

で、そういう時、どう言うか。

犬が子どもを噛んだ、と言うか、子どもが犬に噛まれた、と言うか。

このくらいになると微妙ではあるが、やはり、犬が子どもを噛んだ、と言うよりも、子どもが犬に噛まれた、と言うのではなかろうか。

犬よりも子どもが大切である。私たちは犬ではないからだ。

もし私たちが犬であったら、きっと、犬が人間の子どもを噛んだ、のほうが、圧倒的に適切な日本語として受け入れられるであろう。

言葉はヒトを中心に出来上がっている。

わたしの言葉

言葉は人間が作ったものなので、人間の都合で出来ている。人間中心に、記述できるようになっている。で、その人間中心の言葉を使うのは「わたし」なので、どうしても「わたし」を真ん中に置きたくなる。

ダイヤの受け渡しがあったとする。送り手はわたし。受け手はあなた。これをどういうか。「わたしがあなたにダイヤをあげた」か、「あなたがわたしにダイヤをもらった」か。どっちが自然な文かは、はっきりしている。大切な事柄は、主格の位置に収まる。「あなた」を主格にするよりも、「わたし」を主格にしたほうが、収まりがいい。

世の中には、主格になりやすい順番がある。これは私たちにとって、何が大切かという順番でもある。モノやコトは一番最後。生き物がそれより上。それよりヒトが大切になる。ヒトの中でも、三人称より二人称、二人称より一人称、つまり「わたし」が最も主格になりやすい。

私の財布が、無くなった。さっき乗った満員電車の隣の男が怪しかった。あの男はスリに違いない。そのとき、考えられる文は、とりあえず、3つ。「スリが私の財布を盗った」「私の財布がスリに盗られた」「私は財布をスリに盗られた」という3つだ。

この中で、最も落ち着きがいいのは、「わたし」を主格に据えた、最後の文だろう。次は、スリを主格とする最初の文。私の財布が主格になった文は、少し気持ちが悪い。これは、つまり大切さの順番だ。スリより財布の方が大切だが、ヒトにとって、財布よりもスリの方が感情移入しやすい。つまり大事な情報なのである。

英語では、これほど厳密なルールはない。しかし、傾向として主格になりやすいのはヒトであり、「わたし」。「波が子どもをさらった」より、「子どもが波にさらわれた」のほうがいい文である。「肩に当たる日差しがわたしを幸せにする」という文は英語を直訳したような生硬な印象を与える。それよりも「肩にお日様が当たって、僕は幸せ」と言うほうが気持ちいい。

言葉はジコチューなのだ。ヒトは自分のことに一番興味がある。それが、自分のことに関心を示す言葉に反映してしまう。

言葉ぐらいにしか、自分中心でいられるところはないのだから、それはそれでよしとしておこう。

隣のおじさんの言葉

モノとヒトとどちらが主格になるか、という問題で、ヒトはヒトの方が大切なので、というか、言葉はヒトの都合で出来ているので、ヒトが主格になる方が普通である、ということを、これまで、書いてきた。だから、私の財布が盗まれた、というより、私が財布を盗まれた、のほうが自然なのだ、と書いた。

しかし、言葉の問題は、例外的な現象にあふれている。モノが主格になり、ヒトがそうならない例というのも存在する。

例えば、「法隆寺が聖徳太子によって建てられた」という文では、「法隆寺」というモノが、「聖徳太子」というヒトよりも、偉そうな位置に座っている。おかしいではないか、というのである。

しかし、こういうモノがヒトを押しのけて主格になる文についても、認知文法では説明が用意されている。

例えば、ヒトが、聖徳太子ではなく、隣のおじさんだったらどうなるだろうか。「法隆寺が隣のおじさんによって建てられた」と言うよりも、「隣のおじさんが法隆寺を建てた」と言うほうが、自然なのではあるまいか。(もちろん、歴史的事実には反するけれど)

隣のおじさんと聖徳太子では、どちらが偉いかと言えば、普通、聖徳太子であるだろう。だから、聖徳太子が主格にならず、隣のおじさんが主格になるというのは、おかしい。しかし、文の自然さは、そうした常識を裏切る。

隣のおじさんは、毎朝洗面所で、大きな声で、ガラガラとうがいをし、痰を吐く。ときどき、家の前を犬を連れて通ることもあり、気づけば会釈ぐらいはする。隣のおじさんは、私たちにとって、あくまでもヒトなのである。

聖徳太子は、私たちにとって、生きたヒトではない。歴史上の人物であり、記号であり、歴史的役割でしかない。隣のおじさんは、近寄れば臭いかもしれないが、聖徳太子には匂いも体温もない。ヒトではないのだ。

そのような時、私たちは、聖徳太子をコトとして扱う。法隆寺はモノ、聖徳太子はコト。両者はその重要性において、同格である。だから、どちらを主格にしようとかまわない。隣のおじさんは、あくまでもヒトなのである。隣のおじさんは、法隆寺を建てたわけではないけれど、私たちの認知において、聖徳太子よりもずっと大切なのである。

8章　分けることば

冥王星の言葉

少し前に、冥王星《めいおうせい》が惑星であるかどうかで問題になり、結局惑星ではないということになり、格下げのような形になった。なんだか冥王星が気の毒だった。相変わらず太陽の周りをぐるぐると回っているのだろうし、けなげに、遠くの方を見えもしないのに動いているのだ。

冥王星がもし惑星であるとすれば、他にも惑星と呼ぶべきものがいっぱいある。だから、冥王星だけを特別に惑星と呼ぶべきではない、というような論理で、冥王星は惑星ではなくなった。そのように新聞の報道だけを知る私には理解された。そして、なんとかいう天文科学者たちの国際会議で、多数決によって決定された。

おかしいではないか。仮にも自然科学的な事実が、多数決によって決められていいのか。科学的な結論は、数式や実証によって、はっきりと証明される根拠に基づくべきではないのか。どこの誰がなんと言おうと受け付けない普遍的事実の追求にこそ、自然科学の本質があるのではないか。

それを、よりにもよって多数決で決めてしまうというのは、小学校のホームルームで、山田君が廊下を走ったことはいけないことかどうかを決めるのとおなじではないか。今晩のおかずは何にしようか、家族の意見を聞いてすき焼きか焼肉かを決めるのと、おなじではないか。冥王星が惑星であることは、みんなで懲らしめるべき子のいけなさと同程度のことなのか。今夜のおかずのすき焼きなのか。わけがわからない。

要するに、言葉の問題なのである。ある言葉に分類されるかどうかという問題にすぎないのである。惑星であるかどうかは、人間の生活とはまったく無関係に宇宙の法則によって決められていることではない。人間の都合によって決めていいことなのだ。冥王星は慣れ親しんでいるから惑星である。それ以外の太陽を回る石の固まりは、今まで分からなかったほとんど無名の星なんだから、無視していい。あるいは、そういう石もせっかくだし、差別するのはよくないことだから、惑星にしてあげよう。そういう極めて人間的な相談の結果で決められることなのである。

自然科学の分類は、厳密な事実に基づいているのだという私たちの考えは、実は幻想にすぎないことが明らかになる。言葉は世の中の事柄を分類する。それは事実ではなく、私たちの感覚を基礎としている。科学的分類は実に人間的な分類基準に基づくのである。

クイズの言葉

その昔、ラジオが家庭の主な娯楽であった頃、『二十の扉』という番組があったのをご存じだろうか。

出演者の一人が出題者になって、何でもいいのだが、思いついたモノの名前を書いて隠しておく。聴取者には陰の声で、何が書かれているか教える。他の出演者はそれに対して20回の質問をして、書かれているものは何かを当てる、というのだ。

今考えると他愛のない番組だが、人気があった。例えば、「やかん」と書いたとすると、それは食べられますか、それは家に入りますか、買えますか、などと聞くのである。

言い忘れたが、質問は必ず、二者択一のイエス・ノー・クエスチョンでなければならない。毎日使いますか、木で出来ていますか、学校で使いますか、などと質問を重ねていくと、やがて、「やかん」という答えが出てくるのである。

20の質問で答えられなければ、出題者の勝ち。勘のいい質問は、大きなヒントになる。突拍子もない質問は、見当はずれで何のヒントにもならない。聴取者は、近づいたとか、だいぶ離れた、とか、そのやりとりをハラハラしながら楽しむのである。森羅万象が解答になる可能性がある。世の中の無数のモノが、可能性としてあり得る。それを、二者択一の質問を20回繰り返すことによって、範囲を狭め、同定していく。

これは実は、構造主義の方法論である。二項対立をたてて、世の中のことを分析する。レヴィ＝ストロース大先生の野生の思考と基本的には同じである。２の

20乗の対立項があれば、たいていのものは、定義されていく。それが何か、分かってしまう。それについて説明されてしまう。

実際にゲームとしてやってみるといい。やってみると、いろいろなことが分かる。

例えば、最初の頃の質問は、なるべく大きく分類できるような問いがいい。食べられるかどうか、という問いは細かすぎる。

つまり、食べられるものは食べられないものに対して少なすぎるので、いいえと答えられてしまうと、あまり有益な情報にならない。逆に答える側は、なるべくいいえと答えられるような出題をしたほうが、分からせなくできる。ただ、返答に窮する質問もでてくる。

これが実は単純な構造主義を超える問題になるのだ。

分類できない言葉

私たちの身の回りのモノは、いくつかの対立項の重なりで分節化されている。

例えば創世記では、始めに光と闇とを分け、次に地と天を分ける。そうやって、二つに分けるということを繰り返すことで、この世界の全てを作り上げたことになっている。

思いついたモノを紙に書いて隠し、相手に20回のイエス・ノー・クエスチョンをさせて、それを当てさせる。これが二十の扉というゲームである。対立項を20回分節化して、そのモノを同定する。原理的には出来るのだ。しかし、実際にやってみると、難しい問題が起きてくる。

例えば「さしみ」という題にする。「食べられますか」という問いにははっきり「ハイ」と答えられる。すると解答者は、食べられるモノのうちで、動物性タンパク質ですか、と聞き、ハイという答えを聞いて、順調に網の目を絞っていくことが出来る。しかし「カレーライス」だったらどうなるか。「動物性タンパク質か」と聞かれて、かなり答えに窮するだろう。ハイもイイエも言えない。混ざっている。

カレーライスぐらいならいいかもしれない。これが「ティーバッグ」だったらどうなるか。「食べ物ですか」の問いにどう答えていいのか。食べ物を作り出すモノには違いないのだが、しかし、それ自体を食べるわけではない。食品売り場にあるだろうけれど、食品と言い切るには勇気が要る。「飲み物か」と聞かれても、困ってしまう。

例えば「ダイナマイト」とする。「燃えますか」と聞かれたら、どう答えるべきか。「燃えない」という答えは、不誠実であろう。しかし、「燃える」と答えるのも憚《はばか》られる。

世の中のモノは、あまりはっきりした分類に立っていない、ということが分かる。どちらでもある、とか、どちらでもない、とかいうようなものが、いっぱいある。

これがいわゆる「民俗学的分類項」であれば問題ない。「キツネ」とか「紙」とかいう、ごく一般的なモノの名前ならいいのだ。しかし、これが「イヌ科動物」というような上位概念や、「B5のコピー用紙」というような下位概念であったら、当てるのがかなり難しくなるだろう。

モノであること、ということで、題になりうるモノはすでにかなり限定されている。しかし、それでもまださらに限定しなければ、20個の対立項で同定することは難しいのだ。

分ける言葉

私たちは分類ということをする。何かの集合を、いくつかの下位分類に分けていく。これとこれが似ている。同じような仕事をする。同じ原料である。使う場所が近い。そのようにして分ける。その場合、頭を使う。いろいろ考えて、意識的に分けていく。その理由を聞かれれば、何とか答えられると思う。その程度には理性的である。どうしても分けられない、その他、というグループも出来てしまうことがある。なるべく例外の少ない分類はいい分類である。

ことばは、ある種の事柄を分けていく。ふつうの分類ではなく、無意識のうちに分けていることがある。ことばの決まりとして、どうしても分けざるを得ない分類がある。

存在、というコトがある。存在を、私たちの日本語は、二つに分ける。「アル」と「イル」である。

「机がアル」という。「人がイル」という。机と人は、存在のあり方が異なる。それぞれの存在について、どうしても、どちらかを選ばざるを得ず、無意識のうちに選択している。

サルトルという人は、モノの存在と人の存在は異なるということを、大部の哲学書で論じた。大変な作業である。サルトルは不幸だった。それは日本語を知らなかったから。フランス語では、机も人も、存在するということが同じ動詞で表されてしまうので、区別するのが難しい。日本語では恐ろしく易しい。机のようなモノであれば、「アル」という。人のような生物であれば「イル」という。動詞が違う。当然、存在のありようが違う、ということになる。

ただ、モノだから常に「アル」であり、生物だから常に「イル」とは限らない。例えば、駅前のタクシーは、「あ、タクシーがイル」などという。タクシーはモノであるけれど、私たちは、「イル」を選んでいる。ドラえもんはロボットであるけれど、のび太君は、「ドラえもんがイル」と言うにちがいない。フィクションでなくても、ソニーのアイボは、「イル」と言われるだろう。「上空に飛行機がイル」というのは少し気持ち悪いけれど、「上空にUFOがイル」というのは自然であろう。

逆に、魚屋の店先にドジョウがアル、とも言えそうだ。割烹《かっぽう》のいけすには、アジやヒラメがアル。鰻屋の鰻は生きているけれど、まな板の上に鰻がアル、と言わないと、可哀想で食べられない。

生死ではない。何を基準に言い分けているのだろうか。

共感可能の言葉

何かが存在することについて、日本語は「ある」という場合と、「いる」という場合がある。

普通それは無生物の場合は「ある」といい、生物の場合は「いる」という、と説明される。

しかし、タクシーやドラえもんやＵＦＯは、無生物であるけれど「いる」で表され、魚屋の店先のドジョウや大皿の上の鯛は「ある」で表現される。

売り物だったら「いる」ではなく「ある」なのではないかという説がある。

貝はたいてい生きたまま売られていて、シジミがあるよ、と行商のおばちゃんが言う。しかし、水族館で暮らしているサザエは、水槽の中にサザエがいる、と言うだろう。

しかし、ペットショップで売られている子犬は、やはり「いる」と言う。勝手に動けるものは「いる」と言う、という説もある。

タクシーやUFOは、非生物であるけれど、「いる」という。植物は生物だが、勝手に動けないから「ある」になる。

感情を持っているものは「いる」で、感情を持たないものは「ある」だ、という説が今のところ最も一般的である。水族館のシジミは感情を持つ。魚屋のカニは感情を持たない。

魚には実は痛覚があるという説が、いつか『サイエンス』に出たそうだ。魚には痛いという感覚があるらしい。すると、活け造りの鯛は、かなり痛がっているに違いない。生きたまま茹《ゆ》でられてしまうドジョウは、そうとうに熱いだろう。

感情のあるなしで分けるというのも、なんだかよく分からない。

そこで私は考えた。同じものでも、「ある」という場合と、「いる」という場合がある。

ぬいぐるみのクマと、クマのぬいぐるみというのは、同じものである。しかし、ぬいぐるみのクマは「いる」と言い、クマのぬいぐるみは「ある」と言う。ぬいぐるみのクマちゃんとは言うけれど、クマのぬいぐるみちゃんとは言えない。

要は、感情移入出来るかどうかなのだ。

タクシーは呼べば来てくれそうだ。UFOも、人の気持ちを考えて行動しているようだ。逆に、生きた鯛に感情移入してしまっては、可哀想で食べるわけにはいかなくなる。

共感出来るかどうかが、「いる」と「ある」とを分けている。

電気の言葉

日本語は、存在するものについて、それが共感出来るものかどうかによって、「ある」とか「いる」とか使い分けて表現する。このように、動詞で、その主体をいつの間にか分類してしまう。何かの存在を言おうとしたとき、否応なく、どちらかを選ばなければならず、選ぶ段階で、分けるということをしている。ただ、どうやって分けているのかを説明しようとすると、難しい。難しいのだけれど、みながそれを分けなければならない。

はっきりとした分類基準を持っているというわけではない。生物学の分類は、心臓の構造が違うとか、胎生であるかどうかとか、分類基準がはっきりしているようだけれど、言葉で分けているときには、そういうものがない。それでも分けられる。個人差はあるものの、まあ、そこそこ一致する。

そういうややこしいことは、他のことについても行っている。例えば電気製品である。電気製品は、「つく」と言われるものと、「うごく」と言われるものの二つに分けられている。

灯りの系統は、「つく」になる。「蛍光灯がつく」とか、「テレビがつく」とかいう。

モーターの系統は「動く」という。「洗濯機がうごく」とか「掃除機がうごく」という。

しかし、例えばラジオは、灯りとは思えないのだが、「つく」系に分類される。

電熱器やIHヒーターも「つく」。電気冷蔵庫は、モーターを感じないけれど、「動く」である。

ドライヤーも「つく」と言うらしい。モーターでファンを回しているのだから、動いている部分の働きが大きいと思われるが、熱を発する部分の働きを重視するものらしい。

最近発明されたようなものであっても、この二つのどちらかで分けられる。個人差が大きいけれど、私が教室で学生相手に聞いてみると、電子レンジは「うごく」、エアコンは「つく」が多く、パソコンはほぼ同数で割れる。

パソコンは、モニターが暗いままだったら「つかない」と言い、途中でフリーズしたときには、「動かなくなった」と言う。

ブイーンと音がするようなときは「動く」、そうでないときは「つく」というふうに単純に思っていたのだが、ことは単純ではない。誰かこの使い分けについて、調べて見て欲しいのだ。

食べる言葉

口の中に入れてそれを食道の中に入れる。そういうことを「食べる」という。同じような言葉に「飲む」というのもある。

「食べる」と「飲む」はどこが違うかといえば、一方は固体を摂ること、一方は液体を摂ることである、と考えられる。

しかし、固体であっても「薬を飲む」という。具だくさんのみそ汁は「食べる」というかも知れない。お粥であれば「食べる」がいいけれど、おもゆであれば、飲むというのも可能であろう。英語でスープはＥＡＴを使うらしい。日本語では飲むであろう。食べるとＥＡＴは、同じ動作ではない。

「食べる」と「飲む」は、嚙みくだくか否かというところに相違点があるのかも知れない。「食べる」は歯を使う。「飲む」は、歯を使わない。少なくとも大切なはたらきをしているように思えない。

すると、ソーメンはどうなるか。喉と口とがつながっている。胃カメラは「飲む」だから、ソーメンも「飲む」かというと、やはり固体の食べ物なので、「食べる」のほうがふさわしい。

いずれにせよ、何を摂るかで「食べる」と「飲む」を使い分けている。こういう現象を、日本語学では共起制限などと呼ぶ。あるモノは、それを表す動詞が決まっている。イヌは吠えるのであり、ウマはいななくという。イヌはいななかない。

ある人が死亡するときは「死ぬ」でいいけれど、ある人の場合は「崩御する」という。主体や目的のモノによって、同じような行為や変化も違うように表す。つまり、動詞によって仕分けしているのである。言葉にするときに分類せざるを得ないのである。

すると面倒なことが起こる。朝起きて、顔を洗う。それから、パンとコーヒーを「食べる」と言うか、「飲む」と言うか。

「摂る」と言うのも少し嫌だ。あなたはどうしてます？

身につける言葉

言葉は、分類する。

帽子は「かぶる」、めがねは「かける」、シャツは「着る」、ズボンは「はく」。それぞれの動作が異なるので動詞も違わせなければならない。しかし、おなじ「はく」でも、ズボンのときと、靴下のときと、スカートのときとは、違う。人によっては、手袋も「はく」と言う。

「はく」は、モノを下から上へ引き上げる動作。それに対し、「かぶる」は、上から下へする動作。したがって、帽子だけでなく、タートルネックのセーターも「かぶる」ことがある。

ここで面倒くさいのは、ティアラとか、ヘッドフォンとか、イヤリングなど、カタカナで書かれるようなものである。

ヘッドフォンは、「かぶる」と言った方がいいものでも、「かける」が多く使われる。王冠のような大きなものは「かぶる」だが、ティアラだと、「かける」とか「つける」と言う。「つける」はジョーカーのような言葉で、困ったときは「つける」を選ぶ。カツラも、エクステンションも、ブラも、アンクレットも、「かぶる」や「着る」や「はめる」と言い切れない気がして、「つける」と言う。

言葉は、精密である方がいい。事細かに言い分けられる方が、明晰《めいせき》でわかりやすいだろう。そういう考えからすると、包括的に表現してしまう「つける」のような言葉は、うれしくない。

しかし、人間の暮らしは、そんなふうに美しくできていない。言葉と言葉の隙間がたくさんある。言葉ではっきり指し示せることは、大海の中の島のようなもので、私たちの暮らしの感じ方は、海の中を漂っている。

これは曖昧《あいまい》というのではない。複雑というべきだろう。言葉で言えてしまうことなど、たかが知れている。言い分けられることには限度がある。ただ、その限界に迫って、あくまでも明晰に言葉に変換しようという試みも、捨ててはならない。

分類する言葉

ことばは分類する。混沌としたこの世界の事象について、人間はどうしても分類したくなるのであろう。それが言葉に表れる。

たとえば冠詞。男女や中性の区別がされるヨーロッパの言語のことはよく知られている。私たち日本人には、モノに男女の別を付けたがる彼らの気持ちが今ひとつ理解できない。

性の区別のない英語でも、台風の名前は、女性の名前が付けられていて、台風は女性であると思われていたらしい。もっとも最近はそれが男女差別につながると言われて、男女の名前を交互に付けることになったらしい。

たとえば漢字。中国で出来たこの文字は、一字が一語であり、表意文字というより、表語文字といったほうがいいようなものだが、木偏とか草かんむりとか、それぞれの語の特性を分類して作られている。だから鯨は鯉や鯛と同じく魚であり、霜や霧は天候のことに属する。

うまく分けられれば問題はないのだが、世の中にはどっちつかずのものもある。たとえばコウモリ。

鳥かと思えばそうでもなく、動物にしては鳥に似ている。純然たるケモノではないのでケモノ偏を使うわけにはいかない。仕方なく、虫偏を使って、蝙蝠と書く。虫偏は、その他の分類項なのであろう。虹も蛤も、蛇や蛙と同じ仲間であるとされている。

人間は分類することがほとほと好きなのであろうと思う。混沌を混沌のまま置いておくことが出来ない。創造神話でも夜と昼を分け、天と地を分けるところから始まる。

しかし、細分類をし始めるとキリがなくなる。不便になる。それで今度は統合を始める。分類と統合を繰り返す。

しかしどこかで無理が生じる。その困った部分、無理な部分が、私には面白い。

グレープフルーツの言葉

グレープフルーツというのは、奇妙な名前だと思う。グレープフルーツは、グレープ＝ブドウのようには見えない。どこがグレープなのか。むしろオレンジではないのか。

聞けば、枝に付いているときの形状がブドウのようであるということから、そういう名前になったらしい。枝に付いているときの様子など、食べる者にとってはどうでもいいことである。農民にとっては重要であっても、消費者の立場からは、むしろ、フロリダオレンジとか、アメリカ夏みかんとかにして欲しい。どう見ても、ブドウではない。大変身勝手な名前であると思う。

しかし、グレープフルーツという名前が変であるというのには、もっと深い理由がある。

それは、後ろの、フルーツの部分である。いったい、ブドウはフルーツではないのだろうか。ブドウ果物という名前があり得るだろうか。ブドウは果物じゃないと思われているから、ブドウ果物という名前が成立する。英語圏では、ブドウは野菜か。あるいはワインの原料として、ホップとか麦の同類なのか。どうも、ブドウは果物の範疇に含まれていない。そういうことが、グレープフルーツという名前から推測される。

果物を英語にするとフルーツである。それは中学生でも知っていることである。しかし、果物とフルーツを比べると、その中身には、相当な違いが見えてくる。

例えばスイカ。

これを野菜であると判断する日本人がかなり多い。私はずっと、スイカを果物であると信じて疑わなかったのだが、どうもそうではなくて、スイカは野菜であるという人の方が多いのだ。

聞くと、スイカは野菜であると学校で習った、という。地面に出来るから野菜だ。一年草に出来るから野菜だ。ウリ科だから野菜だ、などという。しかし、果物と野菜を区別するのは、出来方ではなく、食べられ方ではなかろうか。

英語圏で、スイカはベジタブルではない。メロンがフルーツであるのと同じように、スイカもフルーツであり、例えばフルーツパンチに入れても構わないと信じている。ブドウもフルーツパンチに入れるのだが、しかし、フルーツではない。いったいどうなっているのだろう。

磯野さんちの言葉

「何人家族ですか」と聞かれて、困ったことはないだろうか。自分を数えていいのか悪いのか、少し困る。しかし大抵は自分を含めた家族数を答えることになる。しかし、それだけですまないことがある。

自分は一人暮らしをしている学生である。国には両親と妹がいる。自分は何人家族であろうか。4人家族であろうか。一人家族であろうか。一人家族というのは、どうも存在しない。一人では家族を構成できない。しかも働いて独立しているわけでもない。それで、4人家族です、と答えることになる。

家計を独立すれば家族ではなくなるかというと、そういうわけでもない。働いていても、国に両親と妹がいれば、4人家族のままであろう。外国に行っても、独身でいるうちは、国元の家族に強引に含められてしまうであろう。では妹が結婚して家を出た。すると国に両親二人が住み、自分が一人で暮らしている。これは3人家族である。妹は結婚すると、家族に含められなくなるのが一般的である。

家族であることは、結婚するかどうかということが決定要因になるようだ。知り合いに、妹がアメリカに行って結婚した人がいる。確かにそのとき、家族が一人減ったような気がした、と言う。しかし、妹さんは、その後一児をもうけた後、離婚して、そのままアメリカで暮らしているという。別居しているし、妹には妹の家族があるので、やはり家族が増えたわけではない、という感覚らしい。

もっと複雑な場合だって考えられるかもしれない。家族社会学を調べてみると、世帯、家庭、家族という3つの概念があって、なかで一番面倒臭いのが家族の定義であるらしい。

すると、問題は、あの、磯野さんちである。磯野さんちは、カツオとワカメの兄妹に、波平、フネがいて、結婚したサザエは一緒に、マスオさんとタラちゃんで住んでいる。あの家は何人家族なのだろう。

7人家族だろうか、4人家族だろうか。磯野さんちは7人家族で、フグ田さんちが3人家族なのだろうか。

日本を代表する家族であり、もっとも典型的、プロトタイプとも言うべき磯野家の家族の数がわからない。別に困ることでもないのだけれど、しかし、困る。困った。

野菜と果物の言葉

スイカは野菜であるか、果物なのか。色々考えてもよく分からない。しかし、その分類を決定するのは、国語辞典でもなければ政府でもない。まして日本語学者では全くない。日本語を使う母語話者である。つまり、これを読んでいる読者一人一人が決めていい。

加熱して食べるようなものは野菜である、という意見がある。確かにたいていは加熱される。しかしレタスは困る。中華料理でレタスのチャーハンとかレタスのスープとか、大変おいしいけれど、一般には生でそのまま食べる。キュウリも加熱されないことが多いけれど、野菜だろう。

おかずになるのが野菜で、そうじゃないのは果物だ、というのは、実は個人的に私一人が採用する基準である。だから酢豚に入っているパイナップルや、ハワイアンハンバーグとかいうものの上に乗っているパイナップルは許せないと思う。いったい何を考えてパイナップルは、果物としての誇りを捨て、そんなところにいて構わないと思っているのか。パイナップルに説教したくなる。なんだか東海林《しょうじ》さだお氏のエッセイのようであるが。

野菜と果物の区別は、食べられ方だけで決めてはいけない。作られ方によるべきだという意見もある。

木になるのは果物だと思っている人が多い。草になっていても、イチゴやスイカは困る。だいたい、草とか木とかいうその区別が、そもそも大変難しい。多年草（毎年枯れない）ものをふつうは木と言うのだが、多年草と一年草は、繁殖地域によって異なる。ベトナムへ行けば、稲でもなんでも、多年草である。じゃあ稲はベトナムでは木か、と言われると、ハイそうですと言うのに、ちょっとためらう。竹とかは幹がない。イチゴは草に見えるけれど、実は多年草である。アボカドは木になるけれど、野菜にしか思えない。

ここで、現代の意味論学者は考えた。境界線上に位置するものがあるのは確かで、野菜とも果物とも決めかねるトマトとかスイカとかはあるものの、しかし、誰がなんといおうと果物である、というものもある。リンゴやミカンは立派に果物である。ネギやほうれん草は、どう転んでも野菜であることをやめないだろう。「野菜」というグループは、ネギや大根、ほうれん草を中心にした、緩やかな集団である、というふうに考えた方が、人間の感じ方からは、どうも穏当なのではないか。

9章　数のことば

名前の言葉

金田一をキンダイチというふうに読んでもらえることは大変少なかった。たいていの場合、カネダさんと言われる。銀行や病院で名前を呼ばれるときは、いくらか緊張して待つことになる。カネダさんでも返事が出来るように待機していなければならない。しかし読まれ間違いというのは便利なこともあって、電話セールスで「もしもし、カネダさんのおたくですか」と、いかにもそれらしく言われた場合は、すぐに「ちがいます」と言って切ることが出来る。こちらを知ってかけて来たのであれば、名前を間違えるということはないだろうと思う。

それにしても、金田一秀穂というのだから、一秀穂という名前であると思うのだろうか。なかには、カネダヒデホさんと言って、平然としている人もいる。一が抜けているのではないかと思う。横書きの時など、ハイフンと間違えているのではないかと思うのだが、姓と名の間にハイフンをいれる習慣は日本にはない。

最近は、金田一をキンダイチと読んでくれる人が俄然増えた。なんと言っても、『金田一少年の事件簿』のおかげである。横溝正史《よこみぞせいし》のブームの時にかなり増えたのだが、やはり漫画やテレビアニメの力は強い。

回転寿司の順番待ちで名前を登録するとき、「キンダイチです」などというと、店員さんにニヤニヤされる。ボトルキープと同じように遊んでいるように思われるのかもしれない。「二名様でお待ちのキンダイチさまー！」などと言われると、店中の人が、誰だ誰だという顔をして私たちを注視するような気がする。恥ずかしい。

あの少年は「じっちゃんの名にかけて」というのが決めぜりふになっている。じっちゃんは金田一耕助であろう。世代的に、私の息子は、彼とほぼ同じ歳であり、学校では「ハジメ君」というあだ名が付けられていた。で、耕助にあたるのは、私の父親である春彦であろう。すると、ハジメ君の父親に当たる私は、あの漫画ではどうなっているのであろう。大変影が薄いような気がする。気になる。で、彼の名前は、一と書いてハジメと読む。漢字で書くと、金田一一となって、なんだかおよそあり得ない形になる。

しかし、これを金田一1と書くことはできそうもない。まして、金田11というふうには書けない。何がいけないのだろうか。

計算できない言葉

きんだいちのいちを1と書くことができない。どうしてかと言えば、数ではないからだ。形は数なのだけれど、意味は数ではなく、言葉としての意味になる。五十嵐さんは50の台風ではないし、千田さんと言っても、1000枚の田んぼではない。なぜなら、足したり引いたりすることが出来ない。我が家は金田一姓の人間が4人で暮らしているのだが、だからといって金田四になるわけではないのだ。

五十歩百歩も一石二鳥も百聞は一見に如《し》かずも一苦労も計算できないので、アラビア数字で書くことは出来ない。そのかわり、平仮名で書いてもあまり違和感はない。

形は数でも計算できない言葉は他にある。たとえば、電話番号は駄目だから、その総数を求めても仕方ない。アラビア数字で書けるけれど平仮名で書くことが出来ない。

世の中には、計算することが出来ない数が二通りあって、平仮名や漢字でしか書けない数字であるコトバ的な数と、平仮名で書けないけれど漢字やアラビア数字で書ける記号的な数がある。

表記法ということから、日本人はこの二つを区別して考えているのだということが分かる。

計算できないということから、コトバを少し離れるのだが、考えていることがある。

ミカン3つとリンゴ2つ、合わせて5つ。という問題である。これは別に困らないのだけれど、例えば、スイカ2つと栗3つ、合わせて5つ、というのはおかしくないだろうか。足せないように思えてしまう。まして、ミカン3つからリンゴ2つを引くことは出来ない。ミカン3つ掛けるリンゴ2つはもっと難しい。どうしてなのだろうか。ミカンとリンゴは何故出来てしまったんだろう。本来は出来ないコトであるけれど、あまり考えもせず、やってしまったのだろう。同じもの同士でなければ、足し算は出来ない。じゃ、ミカン2つとミカン3つはミカン5つになるのか。しかし、温州ミカン2つと愛媛ミカンの3つは足せるか。足せないだろう。まして引き算も出来そうもない。温州ミカン同士でも、佐藤さんの作ったミカンと鈴木さんの作ったそれは足せない。同じであることはどういうコトなのだろう。足せるということは、同じであることの証明になるのだろうか。

時間の言葉

何かを数えようとしたときに、私たちは幾つあったかを言うだけでは気が済まず、数えられたものがどんなものであるかを言わないと落ち着かない。

本であれば「冊」、人であれば「人」、紙であれば「枚」と助数詞をつけて表現する。こうしたことばを分類辞などという。

だから、突然、そこにチプクがあるか、と聞かれても、チプクがなにものであるか見当がつかないけれど、チプクが3粒あるか、と問われれば、チプクについて、何か分からないけれど小さな塊のようなものなのであろうかと推測することが出来る。

助数詞は日本語学習で、難関のひとつと考えられている。その音が変わるからだ。1杯と2杯と3杯では、「杯」が全て異なる読まれ方をする。時間の単位である分というのは、「ぷん」と読まれることよりも、「ぷん」と読まれることのほうが実は多い。だから「ふん」ではなく、「ぷん」の言い方と言うほうが合理的でさえある。

助数詞の音だけでなく、数字のほうも変化する。9は、キュウであったり、クであったり、ココノツであったりする。

しかも、時代によって変わる。3階は、以前はサンガイと濁るほうが普通だったが、このごろはサンカイと、濁らない言い方が優勢になっている。

「2月」や「4月」のアクセントは、語頭が低い。しかし、このごろは、頭高に言う人が増えている。「7時」は「ナナジ」と「シチジ」が並立して使われている。

最も難しいのは、日にちの言い方だそうで、ドナルド・キーンさんは、かつてのスパイ養成機関であったアメリカ陸軍日本語学校で、歌にして覚えたという。一度歌ってくれたが、「ツイタチフツカアミッカアヨッカア」という、面白くもなんともない歌だった。それでも、覚えなければならなかったのだ。同情したい。

助数詞の言葉

数えるものによって、助数詞を使い分ける。だから助数詞があれば、それがどんなものか分かる。このような、ある種のものに必然的に、文法的に区分されて文中に必ず表示されるものを、最近の言語学では分類辞という。たとえば、枚は、平たいものを数える。紙も、じゅうたんも、大きさに関わりなく、枚で数える。それが何か、によって助数詞は変わる。したがって、助数詞が何であるかによって、数えられるものが何であるかが決定される、という、逆の論理も使われる。

ウサギは、1羽2羽と数える。それで、ウサギは動物ではなく鳥である。だから食べていいのだ、と言って、昔の生臭坊主はウサギを食べた、という言い伝えがある。そんなにウサギがおいしいものだとは思えないが、どうしてウサギは羽で数えるのか、というときの答えとして用意される民間伝承である。

ガセである。

いかにもそうであるらしいと思われるけれど、ウソである。

なぜ、ウサギは匹ではなく羽で数えられるのか。はっきりとは分からないのだが、同じ音で、把《わ》という助数詞がある。ほうれん草とか稲束とか、ひとくくりで持てるものの助数詞である。ウサギは把で数えられていたのではなかろうか。猟師がウサギを捕まえる。耳を持ってぶら下げる。それが把である。

動物は生きているときと死んでからでは、数え方が変わる。サンマは生きているときは匹だが、死ねば本になる。イカは生きていて匹、死んで杯になる。人は生きていれば人、死ぬと体。

ウサギは「把」と、手に持つような形で数えられていたのではなかろうか。それを誰かが、「羽」と間違えた。そうして、ウサギを鳥であると言い張る屁理屈の坊さんの話を拵《こしら》えた。

助数詞によってそのものの本質を表す、という論理が生まれるほど、助数詞の制約力は強い。

幽霊の言葉

ものを数えるとき、それが生きているものか、そうでないかということが、助数詞の選択に深く関わってくる。生きている人なら人でいいのだが、死体を数えるときは、一体、二体。焼いてしまって仏様になると、一柱、二柱というようになる。では、その中間はどうなるのか。たとえば幽霊。四谷怪談にはお岩さんとか、按摩宅悦とか、複数の幽霊が登場する。二人の幽霊というべきか、二体の幽霊というべきか、二柱の幽霊というべきか。私などの臆病者にとって、幽霊を見るのは一回で十分である。気の毒な伊右衛門殿はいくつ見たと言ったらいいのか。

ゲゲゲの鬼太郎にはさまざまな妖怪が登場する。砂かけ婆や子泣き爺は、一人二人でもいいかもしれない。問題はぬりかべや一反木綿である。ぬりかべは、一枚二枚か、それとも一匹二匹か。一反木綿を二反木綿にしても、長さが変わるだけだ。一反木綿が一本か、一枚か、一匹か。それぞれ単数でしか登場しないので、数える心配はないが、もしもぬりかべの集会なんかがあったら、困るだろうと思う。

アニメファンたちに聞くと、鉄腕アトムやドラえもんは一人二人であると言って譲らない。一台とか一機とかはだめらしい。しかしまあ、こういう想像上のものというのは、あまり考えても仕方がない。

解決を迫る現実的な問題がこのごろ生じた。アイボ君は、どうしたらいいのだろう。まだ気分としては一台二台、というような気がする。しかし、一人二人というようになったら、アイボ君も市民権を得たことになる。チンパンジー研究で有名な京大の松沢教授は、チンパンジーを一人二人と数える。一頭とか一匹とか数えようとはなさらない。そういう気持ちになるのであろう。なまじ助数詞があるために、こういうややこしい問題が日本語には発生する。

足し算の言葉

妖怪やロボットをどう数えるべきなのかは難しいけれど、数えなくてはならない状況になることも、あまりなさそうだから、心配しなくてもいいかもしれない。

しかし、違う助数詞を使うべきものを一緒にして数えなくてはならない場合というのは、案外と存在する。

たとえば洪水がおきて、たんすと椅子とテーブル併せて3××が流された、という場合どうするか。この××に入れるべき助数詞は何か。新聞では困ってしまう。

たんすは棹、椅子は脚、テーブルは卓。どれを使っても、不公平になる。だからといって、みっつ、とかいうのは、新聞の幼稚さを示してしまう。3個というのも、馬鹿のようである。

以前、種類の異なるものの足し算が出来るかというのを考えたことがある。りんごとみかんは足せるのだが、りんごと豚は足すのに抵抗を感じる。であれば、実はみかんとりんごも、足せると思っていたのだが、実は足せなくなる、という話だった。

だからといって、それぞれ、たんす一棹と椅子一脚とテーブル一卓が流された、というのは、紙面の都合上もったいない。なんとしてでも足したい。そういえば飼い犬一匹も流されたということが新たにわかった。たんすと椅子とテーブルと犬を足したい。そのときの助数詞はどうしたらいいのか。

新聞社や通信社で発行されている用語の手引きという本をご存知だろうか。下手な辞書よりはずっと便利な本で、書き分けの難しい漢字の区別とか、間違えやすい言葉の一覧表とかが載っている。これに助数詞の使い分けがあって、複数にわたる助数詞もちゃんと書いてある。

こういうときは「件」を使うことになっている。他に「点」もある。バザールの出品物などでは「点」が使われている。

ご苦労なことである。

10章　たとえることば

薄味の言葉

大阪へ行った。道頓堀の名店できつねうどんと豆ご飯の季節のランチセットというのを食べた。大変満足した。出汁《だし》がよくきいている。味付けも的確である。大阪弁の柔らかな音を聞きながら、おいしい食事は、眠たくなるような気分になるものだわいと、怠惰な気分に酔った。

よく関西の食事は薄味であると言う。関東の味は濃いという。

本当だろうかと、眠くなりながら、ふと思った。

関東でも北の方は、醬油やミソで真っ黒にした漬物や煮物がある。あの辺の昔の人は貧しかったので、ほんの少しのおかずでご飯がいっぱい食べられるように、あんな味になっているんだ、という悪口を聞いたことがある。味が濃いのだという。

それに比べて、関西の味付けは上品で、味付けが薄いという。ほんのりとしていて、素材の味を引き出すのだとか言う。

ほんとうか。

関西のうどんは味が薄い。東京へ来て、茶色の汁の中のうどんを見て、びっくりしたという関西人の話をよく聞く。あんな濃い味のものはよう食べん、というわけだ。

しかしそれは、あの色にごまかされているのではなかろうか。

薄口醬油は、色が薄いだけで、味はかなり塩辛い。そもそもうどん自体に塩分が多量に含まれている。うどんだけでも食べられるぐらいだ。ソーメンも、塩辛い。そうして、コクのある出汁を使う。関西の味が薄いというのは、見た目にだまされているだけではないのか。

関東から関西に引っ越してきた人たちに聞くと、そうかもしれないという。どうも甘すぎたり辛すぎたり、そうして昆布や鰹節の出汁を多量に使う。煮しめのにんじんやしいたけは必要以上に甘い。刺身の醬油も、どろどろとして濃い。味が濃厚なのは、かえって関西のほうなのではなかろうか。

関東は濃い口醬油を使う。あれは、塩辛いだけではなく、すっぱかったり、甘かったりする。味噌も茶色い。色は濃いけれど、塩辛いだけではない。関西の白ミソは、甘いけれど、味が薄いわけでは決してない。

そもそも、味に「濃い」とか「薄い」とかいうことは、ありえない。強く感じる味か、弱く感じられる味か、ということである。しかし、日本語は、強弱で味を表現せず、色で表現する。醬油の文化なのである。

薄い言葉

関西の味が薄いというのは色にごまかされているのだという前回の話を人にしたら、そうだそうだと言われた。大阪に単身赴任した知り合いの群馬県人は、世の中に薄口醬油と濃い口醬油の二種類があるということを知らず、薄口醬油を煮物に入れて、色が濃くなるまで入れたら、しょっぱくてとても食べられなかったと言う。

そりゃそうだろう。群馬の食べ物は、たいてい茶色い。

味を「薄い」とか、「濃い」と言う。本来は見た目の色彩のことである。それが味に比喩的に使われて、わかったような気にさせられている。しかし、騙されているのである。

頭が薄くなる、という。髪の毛が抜けていって、頭皮が見えるような状態である。色彩的な濃い、薄いというのに近い。

薄い話というのがある。中身がなく、どうでもいいこと、当たり前のことしか言わない。考えるべきことが少ない、ということである。

脳みそをたくさん使わなくてはいけないのは、濃いのである。

関係が薄い、という。あまり頻繁に付き合わない。すぐに他人同士に戻ってしまいそうな人間関係のことである。二人の人を結んでいる紐のようなものがあって、それが今にも見えなくなってしまいそうな、淡い色でしか見えない、ということだろうか。

どろどろで、向こう側が見えないようなのは、濃い。さらさらして、透明に近いようなのは薄い。密度の問題である。

味の密度は、塩辛さや甘さとダシのようなコクで決まる。すっぱいだけではだめだし、苦いだけでも濃いとは言わない。

ペットボトルのお茶は、最近濃いのが流行っているようだが、苦いだけでは濃いと思えない。そこに微妙な味が複雑に混じり合っていて、濃いと感じる。

お汁粉には隠し味としてほんの少しの塩を入れる。そうすると、いわゆるコクがでる。味が濃くなって、よりいっそう甘くなったような感じがする。砂糖に塩を入れることで「濃く」なる。砂糖をいくら大量に入れても、砂糖だけでは濃くならない。

日本語は、簡単には言葉にしにくい味の感覚を、見た目の密度によって表現しようとするのだが、単純な変換が出来るわけではない。英語のように、味を強弱で表した方がずっと容易で便利だったのではないかと思うのだが、それは英語をよく知らないからかもしれない。

共感覚の言葉

チェロの音は茶色である。フルートは緑色。トランペットは緋色。楽器の音には色が付く。そんなに不自然ではない。

クレーやカンディンスキーの絵からは音楽が聞こえてきそうな印象がある。モンドリアンの絵からは、はっきりとブギウギが聞こえてくる。逆にスクリャービンには、音から色を出す音楽がある。

もう少し複雑なものもある。

ミントを味わうと、心の中に円柱形が浮かぶという人がいるらしい。夫の声は黄金色のカリカリのバタートーストのようで、香ばしさがたまらない、という人がいるらしい。『共感覚者の驚くべき日常』という本にある。

ランボーに、「母音」という詩があって、Aは黒、Eは白、Iは赤、Uは緑、Oは青というのである。言語音が色彩を呼ぶ。

異なる感覚体系が、不意に結びつく。これを共感覚と言う。人は誰でも生まれつき持っていて、早い時期に忘れてしまう。ある人はそれが大人になっても持続する。いわゆる五感を超えていく。

この共感覚は、持っているとなんとなくカッコイイような気がする。それで、ウニを食べると朱色が見える、マグロの大トロが口の中に拡がってい く味わいはピンク色だ、などと言っても、それは見たまんまであって、共感覚ではない。難しいのは、大人になると、いろいろな知識が加わってしまうからで、チェロのボーイングが茶色、フルートが緑、というのも、楽器や楽曲のイメージが含まれているようで怪しい。

こういう共感覚のうち、ある程度みんなで共有されるペアが出来ると、いわゆるメタファーになるのではないかと推測される。

柔らかな味、というのは、本当はない。赤い情熱と言われても、その赤い色を見た人はいない。

重厚な響きと言ったって、音に重さや厚みがあるわけではない。しかし、何となく分かる。

言葉にならない感覚を、無理やり言葉に換える。言葉にされると、そんなものかと思う。

味の運動会や――、と叫ぶ料理レポーターが有名だが、その基底には、ミントに円柱形を感じてしまったりする無数の人々がいて、支えられ、理解され、共感され、分かったような気にさせられているのである。

11章　コンテクストのことば

不純物という言葉

私の勤める学校の男子便所には、以前「トイレには不純物を流さないでください」という掲示があった。

トイレで流すものといったら不純物以外の何もないであろう。アレより不純なものとは一体なんであろうか。

トイレで言う「不純物」は、トイレから一歩でると、とても貴重なものだったり、美しいものであったりするのかもしれない。トイレでいう「純」なものは、トイレから一歩出ると、とてつもなく「不純」なものになってしまう。

困るではないかとも思うのだが、あまり困っていない。

「不純」の意味は、場面によって変わる。

リビングのまん中においてあれば薄型大画面液晶テレビであっても、焼却所にあれば「ゴミ」になる。

配達された当日は「新聞」だが、翌日からは同じものが「新聞紙」に変わってしまう。

言葉の意味は、それを取り巻くコンテクストによって決定される。

言葉の意味は、それを発せられた周りのいろいろなものと切り離して、それ自体として単独に考えようとしても、理解できない。そうした考えを拡張して、言葉それ自体の意味というのは何もないのだ、という過激な説を述べる人もいる。

辞書にでている言葉の意味があるではないかと思うかもしれない。辞書には誰もが納得できるような意味が書かれている。しかし、辞書に書かれた言葉の意味にも、実はコンテクストがある。

「国語辞典」とか「英和辞典」とか、そうした本に記述されている、というコンテクストである。それで、人は「辞典にそう書いてある」と言って、ある言葉の意味を一つのものとして、金科玉条のように信じてしまう。

「人はパンだけで生きていけない」とか誰かが言ったとする。「そりゃそうだ。パンだけじゃ飽きるだろう。お米やうどんも欲しいぞ」とか、思うだろう。しかし、それが聖書に書かれているのを読んだ人は「うん、さすがに偉いものだな」などと感動し、お米やうどんを欲しがる不心得者を軽蔑するであろう。

書かれた言葉

書かれたことばは、周囲の環境、すなわちコンテクストから独立している、と言われることが多い。

確かに、『世界の中心で、愛をさけぶ』は、トイレの中でも、ベッドの中でも、満員電車の中でも、全く変わらずに叫びつづける。同じ著者が、同じ読者に向って叫びつづける。寸分違わぬ言葉で叫びつづける。昨日も今日も明日も、同じことを叫んでいるであろう。

ふつうそういうことは、話し言葉ではありえない。ベッドとトイレと満員電車とでは、同じ愛でも形を変える。昨日と今日が同じであっても、明日どうなるかは誰にも予測できない。話し言葉は、まわりに合わせて姿を変え、移ろいゆく。あぶくのように、現れては一瞬にして消えていく。

書き言葉は常に意味が一定である。

しかし、本当にそうだろうか。

私たちは、子どものときに読んだ本を大人になって読みかえして、全く違う印象をもつことを知っている。完全に同じ本なのに、である。

たぶん私たち自身が、日々刻々変化しているのだ。だから、同じ文であっても、変化する解釈者のせいで、異なる意味を生じさせてしまう。そして、そのことは、受信者、という、コンテクストを形成する非常に重要な要素によって、書かれたことばが支えられているということの証拠になる。更に、書かれたことばには、もっと重要なコンテクストがあって、紙なり看板なり、何らかのモノの上に記されているということである。

書きことばが、どうして形を変えなくてすむかと言えば、書かれている、ということによって守られているからなのだ。

本の上に書かれていれば、私たちはその安定性の上で安心していられる。パソコンの画面上の文字は、何だか頼りない。電気の文字よりカーボンの文字のほうが嬉しいというおじさんが多いのは、たぶんそのせいだ。ケータイの画面の上の、電気で描かれた文字で安心できる若者がふえれば、ＯＡ化による紙の消費の逆増加という、おかしな現象もなくなるだろう。

デュシャンの言葉

コンテクストが重要なのは、ことばだけとは限らない。

マルセル・デュシャンが発表した「泉」という作品は、美術品にコンテクストという概念をスキャンダラスに取り入れたことで知られる。

「泉」というのは、何の変哲もない水洗便器である。どこからどう見ても、ふつうの水洗便器にすぎない。しかし、それが美術展に出品され、「泉」という作品名と、「マルセル・デュシャン」という作家の名前がつけられると、とたんに美術品として扱われることになったのだ。

それまでの美術作品は、額に入れられ、作家が苦心して、何らかの主張を込めて、人に見せるために手仕事で創造された「芸術作品」であると考えられていた。「作品」は、銀行のロビーであろうと、個人の倉庫の中であろうと、「作品」であり続けるものであると考えられていた。しかし、「泉」は、便器なのであって、上下水道とつながってないから実用できないけれど、デュシャンが作り出したものではない。デュシャンが創ったのは、便器を美術展に出品するというアイデアだけである。

べつに、水洗便器でなくてもよかったのだろう。「泉」というタイトルも、なんだかわざとらしい。そこらへんに、デュシャンの少し嫌らしいセンスが窺えるのだが、それでもやはり、十分に衝撃的ではある。

便器を「作品」として見ることには無理がある。便器と「モナリザ」を同等に扱うことは出来ない。モナリザの価値は、ルーブルの壁にかかっているときだけであるとは限らない。どこにあっても、モナリザはモナリザである。「泉」は、そこにあるから作品なのだが、トイレの片隅にでも置いてあれば、決して芸術作品なんかではない。しかし、「泉」はさまざまな解釈を呼び起こし、人に強い問題意識を与えたという点で、じゅうぶん立派な芸術作品なのだろう。

芸術というのは、そのようなものである、と考えるのか、そんなバカな、と思うのか。見る人の見方によってさまざまにその解釈や評価が異なる。そうした毀《き》誉褒貶《よほうへん》の巻き起こることこそが、実はデュシャンの思うツボなのかもしれない。私もまた、こういう文章を書くことによって、デュシャンの意図しているところに嵌《はま》っているのかもしれない。もちろん、この拙文を読んでいるあなたも、デュシャンの術中にあるのだと思われる。

デュシャン最後の言葉

マルセル・デュシャンは「泉」のあとも、いろいろな工夫を考えついては発表した。その最後のものが「遺作」と呼ばれ、フィラデルフィアの美術館に収められている。

この「遺作」は、密閉された大きな箱というか、小さな部屋のようになっている。田舎家ふうの木製のドアの、ちょうど目の高さのところに、小さな穴が開いている。

観客は、この穴を通して部屋の中を外から覗くようになっている。それ以外の見方が出来ない。視点が固定されている。デュシャンの指定した角度からしか、その作品を見ることが出来ない。

しかも、デュシャンの遺言で、コピーを作ることが長い間禁じられていた。写真撮影も出来ないことになっていた。

それで、高名なデュシャンの遺作を見るためには、アメリカのフィラデルフィアまで行って、美術館の中を巡り、部屋の片隅の壁にぽつんと穿《うが》たれた木製のドアを見つけ、その覗き穴から中を見るしかない。私は、たまたま在米日本語教師の集会があったので、大会そっちのけで見に行った。

そこから見える部屋の光景については、東野芳明氏の著作などが詳しいので、フィラデルフィアまでわざわざ行くこともないと思う人は、そういう本を見て欲しい。ま、奇妙奇天烈《きてれつ》な不思議な眺めではあるけれども、それ以上のものではないように私には思えた。そんなにすごい造形力や表現力がデュシャンにあるとは思えない。

問題なのは、こちら側のことである。私以前にその作品を見た人、私以後にその作品を見る人は、みんな同じ場所に立って、同じ姿勢をとって、その穴に目を近づけて、作品を見たに違いない。

空間に型のようなものがあるとしたら、ドアの前に透明な鋳型があって、見る人はみなそのなかにすっぽりとはまり込んで遺作を見ることになる。これはとても不思議な感覚だった。

遺作を見た、或いは見ることになる世界中の全ての人間と、空間を共有する。経験を共有する。身体感覚を共有できる。たとえば、これを見に来たかどうか知らないけれど、天才ピカソと同じ鋳型にはめ込まれる。

デュシャンの最後のことばを読むというのは、そういう行為をすることなのだった。

好きという言葉

デュシャンの最後の作品を読むということは、フィラデルフィアまで出かけて行って、いろいろな行為をしたり、あるいはその作品についていろいろ考え、それを人に言うことであったりする、また言われたことについて、聞いたり読んだりするということである。というようなことを言ったら、「それは深読みすぎるのではないか。あなたはデュシャンが好きだからだ」と言われた。

言われてみて驚いた。デュシャンの作品は、いわゆる「作品」ではない。「作品」の形をした「アイデア」である。そのアイデアについて考えることはしても、そのアイデアが好きかどうかなど、およそおもいつかないことだった。

私はデュシャンを好きとか嫌いとかで考えたことが一度もなかった。まるで、仲のいい異性の遊び友だちに、突然想いを告白された中学生のようなものだった。「好き」とか「嫌い」というのは、案外使い方が難しい。どういうものが快・不快で言えるのだろうか。

日本に住んでる知り合いのアメリカ人が、ある時日本人から「ドゥー・ユー・ライク・シュークリーム？」と聞かれたそうだ。「靴クリームが好きかどうか聞かれても、返事に困る」と彼は言う。確かに困る。

シュークリームはフランス語起源で、「シュー」はキャベツのこと。英語で何というのか知らないが、まあ、よくある日本人の英語の間違いである。そのときは、外来語の思い違いということですんだのだが、しかし、何故靴クリームを好き嫌いで論じられないのか、という問題は私の中に残った。

キリスト教を信じている人は、キリストを好き嫌いで言えないだろう。「キリストが好き！」とかいうのは、キリスト教徒ではない。キリストは唯一無二のものであるはずだ。

タレントのアンケートとかに、好きな言葉、というのがあって、「努力」とか、「一期一会」とか、「人間だもの」などが並ぶ。好きなことわざ、というふうに絞ってあれば、好きなものが思い浮かぶけれど、ことばの海の中からひとつ選べと言われても、私はたぶん困る。他に比べられるような同等なものがある程度あれば、好き嫌いは言える。それしかないようなもの、あるいは比較の対象がやたら広い範囲のものについては、好き嫌いが言えない。

デュシャンはアイデアなので、比較の対象が広すぎるのだ。

オリジナルな言葉

ふつうデュシャンが遺作に込めた思想は、いわゆる「オリジナルとコピー」の問題だったとされている。

遺作はコピーを禁じられていた。完全な一点オリジナルを守ろうとした。美術作品は、模写や写真で、さまざまな複製を作ることが出来てしまう。

そのことの問題性をデュシャンは言いたかったのであろう、と。

ヒエロニムス・ボッシュの奇怪な作品群は、澁澤龍彦《しぶさわたつひこ》の本の中で知り、ぜひ見たいものだと思ってプラド美術館へ行ったのだが、案外面白くなかった。ベラスケスの作品は、教科書などで飽きるほど見させられていて、お義理で見に行ったようなものだったけれど、本物を前にすると、圧倒的に感動させられて驚いた。コピーとオリジナルは一筋縄ではいかない様々な問題がありそうだった。

ここで、ことばについて考えてみよう。

ことばは本質的にオリジナルではありえない。誰かのことば、というのがあっても、それは、なんらかの共通する言語で語られているはずであって、同じ言語であれば、まったく同じことを、誰だって言えてしまう。ある文は既成の単語、既成の音韻の組み合わせでしかない。その組み合わせ方にオリジナリティがあるのだと言ってみても、印刷術によって、複製のし放題である。

藤田嗣治《ふじたつぐはる》は、そのネコの毛並みを描出する方法を秘密にして、アトリエには他人を絶対に入れないようにしたというけれど、それはまあ、藤田のオリジナルな絵であったのかもしれない。

しかしどんな天才詩人にも、秘密の言葉の創り方などない。「汚れっちまった悲しみに」という言葉の、「れ」と「ち」の間に促音があるのが中原中也のオリジナリティと言えば言えるかもしれないが、すぐにバレてしまう。

宮沢賢治は、「イーハトーボ」とか「グスコーブドリ」とか、独特の音感覚で、忘れられないような語彙を創出した。

これはオリジナルであるというに近いけれど、しかし、音韻ははっきりと日本語であり、しかも、やはり印刷されてしまうから、コピーされ、人口に膾炙《かいしゃ》され、美術作品のような一点性を守ることは出来ない。

ことばでオリジナルであることは大変難しいことのようにおもう。

オレオレ詐欺の言葉

言葉でオリジナルであることは難しい。既製の音と語と文法によって組み立てるしかなく、しかも、既製でなければ通じないのだから、仕方がない。だが、オリジナルであることを刻印付けることは出来る。声は、アイデンティティーを示す。個人の口調はその人にだけ帰属して、ほかの誰のものでもない。手書きの文字は、個人の個性やその時々の精神状態を映し出してしまう。

録音技術とか活字印刷とかによって、記録したりオリジナル性を剥奪したりすることに慣れてきている。しかし、人間が今ある言葉のようなものを発明してから、少なくとも3万年はさかのぼれるであろうと言われている。活字が発明されてから500年、録音機が出来てから100年にすぎない。2万9500年くらいの間、つまり、言葉の歴史の殆どの間、人は肉声でやり取りをしていたのであり、そこで使われる言葉はオリジナルであり続けてきたともいえる。

ワープロ書きの私信に抵抗を感じる人はいまだに多い。せめて私的な通信はオリジナルでありたいと感じるからだろう。活字から個性を感じ取ることは出来ない。

詩の朗読がここ20年くらいの間に盛んに行われるようになったのも、また、詩のボクシングの人気が一部で高いのも、言葉のオリジナリティを復活させようという気分の現れのように思える。声によって伝えられるべき言葉の復権である。『声に出して読みたい日本語』の大ブームも、結局、そのような身体性を備えたオリジナルな言葉を求めているからだろう。

しかしそれにしても、ケータイが流行り、メールの普及はすさまじい。電車に乗っていると、前に座った人々が、いっせいにケータイに向かいメールを打っている光景が珍しくない。彼らは、実は、言葉のオリジナリティを失っている。ケータイの文字は電気で作られた文字であって、誰のものでもよい。みな共通の文字を使っていて、個性がない。

「オレオレ詐欺」というのがあるが、電話だから騙されるのであって、面と向かっていれば、いくら老人でも、そんなに騙されるとは思えない。電話の声は機械を通した声であり、オリジナリティを半分くらい失っているのだろう。言葉におけるオリジナルの問題は、今、深刻な様相になりつつあるように思える。

12章　子どものコトバ

独り言の言葉

言葉は情報伝達を行うための道具であり、言葉は必ずそれを受け取る人間がいる、というのが、伝統的なコミュニケーション理論に基づく言葉の学問だった。しかし、それだけにしてしまうと、考えるときの言葉や、夢を見ているときの言葉や、独り言について、うまく説明できない。

「ヨッコラショ、ドッコイショ」というような言葉は、誰かと重い荷物を持ち上げるときのかけ声であるとすれば、確かにその言葉を受け取る人がいるけれど、周りに誰もいなくても、疲れて椅子に座ろうとして、思わずため息のようにして発してしまうことがある。老化現象であると言われて、そうかもしれないとも思うのだが、それだけじゃなくて、一人暮らしをしていると、若い人でも声を出していることがある。

一人で車を運転していて、「そうじゃないんだよなあ」と、何の脈絡もなく大声を出してしまうことがある。それまでの思考過程は、一切口に出されていないわけで、それで、否定したくなって、思わず声に出す。いわば寝言のようなものである。

考えてみると、カラオケで歌うというのもその性質を濃厚に持っていて、誰も聞いちゃいない歌を自分一人で気持ちよく歌っている。これも独り言というか、寝言というか、そういう風なものに近い。

しっかりした言葉ではない。主語述語が整っていて、表現されている内容もちゃんとあり、前後の文脈が無くても十分に理解されうるというような、きちんとした文を独り言で発するということはあまりない。断片的であり、奇抜である。呼びかけだったり、単純な感情表出の叫びだったりする。

あれはいったい何なんだろう。

近代科学は実証的でなければだめで、客観的に集められたデータと、それに対する数理的な統計があって、初めて研究という名に値する。そういう考えからすると、こうした独り言や妄言のたぐいは、言語学から排除されてきている。まして、発せられることのない思考の道具としての言葉については、無視されてきている。

たしかに、私たちが考えるときに言葉を使っていることは明らかなのだけれど、だからといってその言葉を取り出して来ることは出来ない。内言というのは考え方としては仮説にすぎない。

でもこれが大切なんだよなあ、というのが私の独り言である。

はじめてのおつかいの言葉

『はじめてのおつかい』というテレビ番組がある。毎週あるわけではなく、年に何度か、特別なときに二時間番組でやってくれる。私にとって、これは特に大切な番組であり、毎回、始まる前にティッシュを抱え、テレビの前に陣取ることになっている。

思わず泣いてしまうのだ。幼い兄妹が遠いところへ、バスやら船やらに乗って、殊更のように難しそうなお使いをするのである。昼頃に出かけたはずなのに、帰る頃にはすっかり日が落ちていたりする。重くなって、袋が破けて、大切なおみやげをぼろぼろこぼしたり、お兄ちゃんが励ましたり、妹が泣き出してしまったり、雨まで降ってきたりして、近石真介のナレーションがかぶってきて、家では心配でたまらないお母さんが、玄関の外まで出て、帰ってくるのを待ち受けて、子どもたちの姿を見た瞬間に、思わず駆け寄って……。

泣けるのだ。あれで泣かない人間は人間じゃないと思えるほどなのだ。子どもをダシにして泣かせるのは演出としてずるいと思うのだが、それでも、泣いてしまうのだ。

で、あれの何が面白いと言って、子どもたちの独り言なのである。普通の大人は、あんなに独り言を吐いたり、歌を歌ったりしない。子どもたちがその時どんな気持ちでいるのか、視聴者は手に取るように分かってしまう。張り切っていたり、心細かったり、哀しかったり、勇気を振り絞ったり、それで思わず、同一化して応援してしまうのだ。

幼い子どもは、自分の考えているときに使っている言葉と、口に出して言う言葉との区別が付いていない、ということをロシアの早逝した天才心理学者ヴィゴツキーが書いている。考えているときの言葉を内言と言い、口に出す言葉を外言という。言語学が対象とするのは外言である。5歳くらいになると、考えていることと外言との区別が付くようになる。大人になると、通常の状態であれば、考えをそのまま口に出すことがない。考えているときに言葉を使っているのは確かなことだが、そのときの言葉は、言語学の分析の対象にならない。

最近の認知言語学は、ヴィゴツキーの再発見を行っている。こころと言葉の関係を、素直に見てみようとしている。すると、子どもの独り言は、私たちにとても貴重な資料を与えることになる。

ただ泣きたいだけであれを見ているわけではないのだ。

獲得される言葉

言語獲得の研究、というのが、言語学や発達心理学では盛んに行われている。

子どもがどのように言葉を学んでいくのか、それを調べようとする。同じようなのに、言語学習の研究というのがあって、これは外国語をどのように学ぶのか、という研究である。外国で子どもを育てた人は、子どもがどんどん上手になるのに、自分はちっとも上手にならなかったという経験をお持ちだろう。

大人と子どもは違うのである。子どもにとってその場のコトバは母語なのだ。母語を学ぶのと、外国語を学ぶのとでは、全然違うのである。母語はいつのまにか覚えてしまうたぐいの事柄である。外国語は意識して勉強しなければならないことである。

子どもが母語を覚えるのは、どうしてそんなに簡単に出来るのか。年端もいかぬ、そんなに知恵があるようにも見えない彼らが、分別も知恵もたくさんある大人よりずっと早く、上達してしまうのか。

このことの解答はまだ発見されていない。しかし、チョムスキーという偉い言語学者は、この現象から、子どもには生まれついて持っている本能としての言語能力があるのではないかと考えた。それが、大人になる前に、いつの間にか消えてしまうのだと考えた。

確かに、子どもは2、3歳ぐらいになると、教えたつもりもないのに、急に言葉をべらべらとしゃべり出す。ひっきりなしである。わずか3年程度の人生経験しかないのに、どうしてそんなに語るべきことがあるのかとおもうほど、呆れるほどに、一日中、おしゃべりがやまない。これを言葉の洪水という。この時点で、母語の音韻や文法規則を急速に獲得していっているのだ。

聞いていると、あまり内容のあることを話しているわけではない。そりゃそうだろう。しかし、彼らは考えついたことをそのまま口に出す。うるさいし退屈でもある。でも、思考と言語化の区別が出来ていないのだから、しかたない。我慢しなければならない。

言語獲得の研究は、たいてい、自分の子どもが研究対象になる。子育ては大変なのだが、チョムスキー大先生にもきっとそういう時期があったのだろうとおもう。

凡人は珍しいことに対して驚くが、天才は当たり前の日常の中に驚きを見つけ出す。

タラちゃんの言葉

子どもが大きくなって、保育園とか幼稚園に通うようになる。

親からよく聞くのは、子どもの言葉が汚くなった、というのである。今までは、「バカ」ていどだったのが、「ばかやろう」とか「くそー」とか言うようになって困る、というのだ。

家の中だけの生活をしていると、子どもは家庭で使われる言葉だけで生活することになる。その家の中で汚い言葉が使われなければ、子どもは獲得する機会がないのだから、自然にその家庭の中の語彙だけでいろいろなことを表現するようになる。

親は、当然のように、自分たちが普段使っている言葉は、汚い言葉だと思っていない。自分と同じような言葉を子どもが使っていても気にならない。子どもが他の家の子の言葉を真似して使うと、なんとなく乱暴であったり下品であったりするような気がしてしまう。お互い様なのだが。

知り合いの家に遊びに行って、夜遅くまで大人同士で騒いでいたら、そこの家の4歳の子どもが、母親に文句を言うのが聞こえた。
「ぼく、おかあさんとケンカしたい」
真っ赤な顔をして怒っているのだが、それ以外の言葉が言えないらしい。「ケンカしたい、ケンカしたい」を繰り返すばかりだった。彼は、「ケンカする」以外のけんかのための言葉を知らないのだ。確かにその知り合いの家は静かな夫婦の家であったが、お互いにののしり合うようなことは全くなくて暮らしているのであろう。

そのように、子どもの言葉は親の言葉の鏡である。親の言葉を使うのが子どもである。とすると、タラちゃんの、あの「ぼくこまるですぅ」というような言い方は、いったいどこで獲得されているのだろう。

山本カントクのように動詞に丁寧形の「です」をつける言い方は、静岡地方辺りにはある。

しかし、マスオさんの出身地を知らないけれど、マスオさん自身は共通語を使っている。サザエの言葉でもない。タラちゃんはいったいどうやってあのしゃべり方を身につけたのか、なにか不幸の影さえ見えてきそうだ。

そこへ行くと、野原しんのすけの「おいミサエ」という言い方は、はっきりと父親の真似であることが分かり、ずっと健全な育ち方をしていると考えられる。

ま、どうでもいいけど。

正直な言葉

子どもは感じたことと、発する言葉とが一致する。感じた現実はそのまま言葉になって表れる。現実と言葉も一致する。だから子どもは正直である。

いくら自分が若いと思っていても、小さい子どもから「おねえちゃん」ではなく「おばちゃん」と呼ばれれば、その人は「おばちゃん年齢」である。それ以外の何かであるということなど、子どもには思いもつかない。

何かが欲しいと思えば、えんえんとねだり続けられる。妥協を知らない。他人をはばかることがない。店の床に寝転がってじたばたしてでも、ビックリマンチヨコを買ってくれるまで、欲しい欲しいと叫び続けられる。欲しいのだから仕方ない。欲しいという彼の現実が変化するまで、それは続く。欲しい気持ちを忘れるまで、欲しい気持ちがなくなるまで、泣き叫ぶ。

彼ら子どもには他人への気配りがないから、遠慮会釈なしに感じたままをそのまま言葉にしてしまう、彼らに社会性がないから泣き叫ぶのだというのは、たぶん、現象の一部しか説明していない。思考と言語の関係を考えないと、その行動は理解できないだろう。

しかし、言葉が現実を決定してしまうこともあるので、親の言葉が現実であると信じてしまう半面もある。非常に強いプラシーボ効果である。

「そうじゃないでしょ。おねえちゃんでしょ」と親が言えば、そうか、おばちゃんじゃないのか、おねえちゃんなのか、と子どもは思い、「おねえちゃん」と呼んでくれることもある。

「ビックリマンチョコなんか欲しくないでしょ。早く帰りたいでしょ」と言えば、自分はビックリマンチョコが欲しいと思っていたのだけれど、本当は早く帰りたいと思っているのだ、というふうに感じるかもしれない。

ただしこれは大変恐ろしいことの導入であるのかもしれない。レインという精神医学者が、『狂気と家族』という本の中で、強権的な親の発言によって、自分独自の考えがすべて否定され、親に押しつけられた考えとの二重性に耐えられず、ついに分裂病を発病させてしまった子どものことを書いている。

子どもの発言はなるべく肯定してやった方がいい。お願いだから、早く黙らせて欲しい。店の中であんまり泣かせないで欲しい。たまの休日ぐらい静かに買い物したいではないか。

嘘つきの言葉

子どもは感じたことと、発する言葉とが一致する。感じた現実はそのまま言葉になって表れる。現実と言葉も一致する。だから子どもは正直である。

子どもは正直にしかいられないのだ。

だからこそ、彼らの期待を裏切る現実、言葉と現実が実は別のものであるという発見は、子どもにとって、大層面白いことに思える。嘘をついてみる。現実と違うことを言ってみる。最初は恐る恐る、だんだん大胆に。しかし、現実はその通りにならない。

母親の言葉とは反対のことをしてみる。あまのじゃくをしてみる。しかし、結果は思ったほど深刻なことになるわけではない。世界に大きな変化は起きない。

言葉と現実が違うという発見をいつしたのか、私たちは覚えていない。それまで言葉は現実と同じであり、自分と世界は同じものであった。物心ついた頃、という言い方があるが、たぶん、そのころなのだろうと思われる。

そのころの子どもにとって、嘘をつくのは楽しい。相手が違う現実に迷い込んでしまうのを見るのは痛快である。

しかし、世の中はそんなに楽しくできていないのであって、嘘をつくのは悪いことであると教えられる。また、もともと正直なように出来ていたのだから、嘘をつくことはエネルギーが必要であり、正直であるほうが、ずっと本能として楽である。だから、おおむね正直に暮らす。しかし、言葉と現実が異なるものだという子どもの大発見は、嘘をつく行為を魅力的にする。

それで、オオカミ少年の話は、子どもにとって大層深刻な話なのである。

嘘をついた楽しい記憶は誰にでもある。しかし、嘘をついたばかりにオオカミに生きたまま食べられてしまうというのは、無惨である。

以前、世界は言葉通りのものであった。自分と世界は完全に一致していた。自分が悲しいとき、世界は悲しんだ。自分が喜べば、世界が喜んだ。

しかし、世界との一体感が失われ、自分が自分でしかないという紛れもない事実、自分は世界と切り離された一個の独立したものであるという感覚は、底知れず不思議で、恐ろしく寂しい。

覚えてますか。

13章　考えることば

考える言葉

私の息子は、2歳から5歳まで、アメリカで3年過ごした。家では日本語で暮らし、保育園では英語で暮らしていた。毎日保育園から帰ってくると、どのように過ごしていたのかを聞くのだが、あまりはかばかしい答えが返ってこなかった。男の子というのは無口なもので、あまり感想もないのであると勝手に考えていた。

あるとき、保育園で遠足に行くということになり、父親である私がついて行くことになった。近所の飛行場へ行き、公園でお弁当を食べて帰る、という遠足である。遠足のさいちゅう、ずっと親子は一緒に歩いていていいのだった。私も息子も、かなり楽しんだ。田舎の飛行場なのでジェット機のようなモノはあまり飛ばない。金持ちのプライベート機が飛んで行ったり降りてきたりして、それでもにぎやかで面白いのだった。

家に帰ってきて、カミサンが息子に、今日はどうであったかを聞いた。その時の息子は、それまでになく饒舌《じょうぜつ》だった。

「あのね、ひこうきがいっぱいいた。プロペラ機がいた。りりくしたり、ちゃくりくしたりした。ちゃくりくするとき、ほこりがぱっと出た。カンセイトウがあった。ねんりょうタンクもあった。かくのうこも大きかった……」

ぼんやり聞いていて、それみんな、私が息子としゃべったことじゃないか、と思い、私がカミサンに話すことをみんな先に話されちゃったじゃないか、と少し困って、そうしてやっと気づいた。

息子は無口なんかじゃなかったのだ。彼はふだん自分の身の回りで起きていることを日本語で話すすべがなかったのだ。彼が半日過ごす保育園での出来事は、すべて英語で語られていて、そのことを親が日本語で聞いても、表現できないのだった。今日、彼のそばで、彼の見ているモノの多くを、私が日本語に置き換えていった。世界を日本語で表現した。それで彼は、日本語で遠足のなかの出来事を語ることができたのだ。

言葉が思考を作り、思考が言葉を産む。息子の場合、家庭の中の思考は日本語でされ、家の外での思考は英語でされていた。全くバラバラな状態になっていた。うまくすればすばらしいバイリンガルになっていたかもしれない。しかし、私たちは何だか恐ろしくなって、日本で育てることにした。英語で考える子どもが家の中にいられても困るではないか。

コトダマの言葉

言葉によって、その言葉の意味するものを自在に操れると考える立場をコトダマ信仰という。名前に霊が宿ると信じて、昔は本当の名前を忌み名、と言って、普段使うことを避けた。だから「義経」は生前は「九郎判官」とよばれた。元号と天皇の関係では「平成天皇」とは言わず「今上天皇」と言わなくてはいけない。

こうした現象は、何も日本に限ったことではなくて、聖書の「ヨハネ福音書」にもあるし、フレイザーの類感呪術というのも、言葉が何らかの力を持っているという考え方が基本になっている。

コトダマ信仰は、普遍的にあると考えていい。

で、ここからは、私の思いつきなのだが、子どもの時には、内言と外言の区別がつかない。つまり考えていることがそのまま言葉になっている、ということを書いた。ということは、考えが言葉になりやすいということだが、であるのなら逆に、言葉が考えになりやすい、ということでもあるだろう。

ものは考えようである。考え方次第で、どうにでもなる。その考えを言葉によって支配しているのだから、言葉が意味したことは、現実になりうる。

つまり、言葉が現実を支配する、というコトダマ信仰のモトには、内言と外言を区別しない幼児期の記憶がある、ということだろう。だから、すべての子どもがそうであるように、すべての人類はコトダマ信仰を潜在的に持つ。

「チチンプイプイ」と唱えると傷が治ったような気になる。「痛いの痛いのとんでけー」と叫べば、もう痛くなくなる。感覚が言葉によって支配されているから、そのようなことが起きる。

駆け出していた子どもが、けつまずいて転ぶ。子どもは何が起こったのかよくわかっていない。しかしいくらか不快ではある。

そこで母親が心配そうな顔をして「痛かったでしょう」と言えば、子どもは、「あ、そうか。これが痛いということであるか。悲しんでいいことであるのか」と分かって、ワッと泣き叫び始める。「痛いよー」と言いながら、「痛い」という感覚を知る。

もし「あはは、おもしろかったね」と親が言えば、子どもは泣かなくてすむ。

人間はある部分、とても単純にできている。

花粉症の言葉

今年は花粉が例年の数十倍飛んだとかで、街はマスクと鼻薬、目薬の氾濫だった。マスク会社が花粉を製造して飛ばしているのではないかとか、いろいろ陰謀説、俗説が飛び交う中、タバコを吸う人間は花粉症に罹《かか》りにくいという説がある。

普段タバコで鍛えられているので、鼻の粘膜が花粉ごときではびくともしない、というのだ。私は平均的タバコ吸いであり、しかも花粉の主産地である西多摩地区に勤め先があるが、幸い、花粉症に悩んでいない。周囲には花粉症に悩む同僚が多いのだが、不思議とタバコ吸いには、ひどい患者がいない。タバコ吸いにも花粉症の人はいるが、しかし、タバコを止めたらもっとひどくなったという。慌てて禁煙を止めたら、そんなにひどく悩まされることがなくなったという。数少ない喫煙擁護論として、JTなどに是非論じて欲しいのだが、そういうわけにもいかないので、ここで声低く語るにとどめる。

花粉症について語られる俗説で、最も有力なのは、気の持ちようなのだという説である。私がそうであって、ラジオで花粉情報が流されると、とたんに一つくしゃみが出る。それで続かないので、花粉症だとは思わないことにしているのだが、しかし、杉の林からオレンジ色の花粉が雲のように発生し飛散している映像を見ていると、鼻の奥がとたんにムズムズしてきて、眼が痒《かゆ》くなったりするという人は多いのではないか。

自分は花粉症に罹った、と思ってはいけない。慌ててクスリやマスクを買いに走ってはいけない。それは、もう、花粉症の呪力に捕らわれているのだ。多少の鼻水が出てもくしゃみが連発しても、風邪気味なのだと思えばすむ。

言霊《ことだま》思想というと何やらおどろおどろしいけれど、現代ではプラシーボ効果などと言う。

毛生え薬とか、痩せ薬とか、精神的な気の持ちようによって、なんとなく効果があったようななかったような、でも利いたような気がする、そういう効果のことを言う。

高価であればあるほど、いいものであるような気がする。薬だけではない。人気があればあるほど、美人、ハンサムであるように見える。みんなが笑っていれば、面白いコメディアンだと思い、一緒になって笑わせられてしまう。病気だと思ってしまったら、もう病気である。言葉に支配されているだけなのだ。ま、責任はとれないけれど。

独白の言葉

独り言は、言語学の対象にならない。まして心の中で使われている言葉は、論外である。ちゃんとした言葉じゃないのだもの、発話として形が存在しないのだものというのが伝統的な言い分であった。

しかし、よく考えてみると、堂々と心の中の言葉を口に出して言っている場面があった。舞台で行われる芝居である。独白というやつだ。

歌舞伎の『三人吉三』に、「思いがけなく手に入る百両、こいつぁ春から縁起がいいわい」というのがある。あれは心理の表明であり、内言の外言化である。シェークスピアの『ハムレット』の「生きるべきか死ぬべきか。それが問題だ」というのも、内言である。観衆は、感動しながらその不自然さを疑わない。

通常の生活で、他人の独り言を耳にすることは、家族以外には滅多にない。電車の中で聞くこともあるけれど、それは大抵、怪しげな人なので、まともには聞かれない。

何故か芝居では、その不自然さが許されている。いわばお約束として、芝居はそういうものだと考えられている。テレビドラマや映画のシナリオは、宇宙人やタイムマシンが現れるどんなに荒唐無稽なストーリーであっても、独白のセリフだけは不自然だとして排除される。

映画はいいけど芝居は嫌いという人がいて、それはあの独り言の不自然さが嫌なのであろう。

さらに不自然なのはミュージカルであって、突然歌い出すところが嫌だという人が多い。歌う側はまだいい。あれを聞かされている役の人になったことを想像すると、ひどく恥ずかしいような気がするに違いない。突然話し相手が歌い出し、それればかりでなく、よせばいいのに踊り出したりもするのだ。それがひと区切りするまで、待っていなければならないのだ。ニヤニヤするわけにもいかず、うつむいてぼんやりしているわけにもいかないだろう。ムズムズしてしまう気持ちを、どうしたらいいのだ。

劇中での感情の表明は、観客という第三の受け手がいるので成立するけれど、映画やテレビはその画面の中に観客が含まれていないので、ドラマの独白は相手を失って、成立しなくなる。それでも独白させたければ、歌にしてしまう。仮の受け手である相手役は、受け手という役割を失ってしまうので、身の置き所がない。

恥ずかしくて仕方がなくなる。当然の結果である。

14章　神様のことば

天理教の言葉

言葉で森羅万象を表すことは難しい。まして、自分で考えたことも無いことを言葉にしなければならなくなるというのは、その困難、想像するに余りある。

中山みきという人がいて、今から200年前に、奈良県の庄屋の家に生まれた。江戸時代である。40歳になるまで、庄屋の主婦として実篤な暮らしを営んでいたのだが、ある日突然、神様が、彼女の脳に舞い降りる。

以来、いろいろな障害にあいながらも、自分の中の神様が語る言葉を、自分の口を通して語り続け、やがてそれは天理教という、巨大な宗教団体に発展していく。

今、宗教団体の名前を名乗る市自治体は、天理市だけであり、6万人の人口を占める三分の一が天理教信者であるという。市内におやさとやかたという、巨大な建築物が建造中で、800メートル四方の正方形の建物群が、ゆっくりと出来つつある。あまりに広いので、その中には、国道まで走っている。その中心に神殿があって、四六時中、お祈りする人たちの姿が絶えない。

この巨大な信仰を支え、人々をひきつけている根源に、一農家の主婦の語った神の言葉がある。

彼女は、文字の読み書きが出来なかったらしい。

後年、勉強して、いくらかの文字を書けるようになっているのだが、それでも、現代の中学生以下の文字力である。本を読んだ形跡もほとんど無い。信仰深い人で、近所のお寺に通い、そこでお説教を聴くのが好きだったらしいが、抽象的な概念は、ほとんど知識がない。

農家にかかわること、大都市との交易にかかわること、家庭の中にかかわることなどが、彼女の語彙を形成する大部分であったと言える。

そのような人の中に、神様が降り立ち、神様の言葉を伝えなければならない。さぞかし大変だったに違いない。

いかに神様とて、みきの知らない言葉を語らせるわけにはいかないだろう。しかし、神様として、言いたいことがあるから、むずかしいこともみきに教えなければならない。

至高の真理を、どのように普通の言葉で言い表せるのか。

その大変興味深い例が、「おふでさき」と「みかぐらうた」という、天理教の教典に記されているのだ。

神様の言葉

私たちが、ふだん日常的に使っている言葉がある。友だちとか家族とか近所の人とか、肩肘張らずにおしゃべりしているときに使う言葉がある。

一方、会社の会議とか取引とか、あるいは学会の発表とか、少し改まって使うときの言葉がある。

前の方を生活言語、あとの方を洗練言語などと、社会言語学では言う。洗練言語では、車を作るという代わりに、車両を生産する、と言う。道でくっちゃべるという代わりに、路上で談笑する、と言う。昼ごはんを食べるという代わりに、昼食をとる、と言う。

生活言語はふだんの言葉である。洗練言語は学校で習う言葉である。昔、小学校で、「葉」と書く代わりに「葉っぱ」と書き、「根」としないで「根っこ」と書いたらバツにされて、たいそう不満だったことを覚えている。学校の教科では、洗練言語を使わなくてはならない。

生活言語は包括的であり、定義があいまいであるのに比べ、洗練言語は分析的であり、定義も比較的厳密にできている。だから、科学的明示性を尊ぶ場では、洗練言語を使うように指導される。

生活言語は話し言葉で使われて、罵詈雑言《ばりぞうごん》の類《たぐい》もこれに含まれる。

書き言葉では洗練言語が使われる。

話し言葉を文字化すると、やたら冗長で無駄が多く、また文法的なねじれがいっぱいあることに気付かされる。

書き言葉では冗長な部分が省かれ、「を」を二回以上使ったりすると、文法的なねじれがありますよ、と、すぐにワープロが警告してくれる。

生活言語は、感情や気持ちの表現に適している。

方言は生活言語の代表的なものだが、方言語彙の独特な意味合いは、書き言葉、すなわち洗練言語に直すことが難しい。ふだんの言葉だから、ふだんの生活に便利なように出来ている。普段表現しなければならない事柄は網羅しているが、知りもしない物理法則や遠い世界の遠い昔に起こったことなどを記述するには向いていない。

洗練言語はその逆で、哲学的な論理や政治学の議論には向いていても、隣の奥さんの噂話には使いにくい。

生活言語しか知らない人に、神様が取り憑《つ》いて、絶対的真理を語れとせっついた。天理教の教祖、中山みきを襲ったのはそのような事態だった。

とりついた言葉

天理教の始まりは、中山みきという40歳になる庄屋の主婦に神が入り込んできたことから始まる。

1838年の秋、奈良の農村で、息子の足痛を治すために、加持祈禱が行われた。中山みきはそこで、祈禱師が神を降ろすときの依り代《よりしろ》として、加持代を勤めることになった。すると、祈禱師にとっても手におえないような事態になってしまう。みきにとって依り代を勤めるのが初めてのことであったのかどうか分からない。祈禱で足痛が治ると信じる程度には信心深い性質だったのだろうし、そうした呪術の現場に立ち会うことは珍しくないことだったと思える。現代の都会に暮らす日本人は、テレビでしか知らない光景だが、彼らにとってはある程度日常的な事柄だったと思える。

で、みきに憑依《ひょうい》した神は、「みきを神のやしろに貰い受けたい」と語り始めた。みきがそのとき、どんな気持ちだったのか分からない。ともかく神の意思を言語化しなくてはならない。それで必死だったに違いない。日本有数の神社が幾つも存在する。周辺には三輪大社をはじめ、「やしろ」という言葉も身近な存在だっただろう。それにしても、みきにとって、「やしろ」というのは、神の居場所として生身の人を選んだのだから、本来は土地を示す「やしろ」というのは、適当ではない。しかし、みきの神は、敢えて「やしろ」という言葉をみきに選ばせた。みき自身が神なのではなく、神の居場所であること。「やしろ」というにふさわしい、しっかりした安定性をもったものであることを示したかったのだろう。もはやみきは人ではなく、場処になってしまった。そういう感覚がみきにあったのだろう。

「貰い受けたい」と言う。「貰い受ける」というのは、通常、娘さんを我が家の嫁に貰い受けるとか、女郎屋から遊女を身請けするとかいうときに使われる言葉だ。責任を持って面倒を見る。実家と完全に縁を切るというわけではない。しかし、神の元に来て、神のための仕事をちゃんとやってもらう、ということであろう。

自分は人ではなくなった。神様の居場所になってしまった。そうして、家族との日常から離れて、神様のためにいろいろ尽くさなければならなくなった、そういう感覚が、みきにそうした言葉を選ばせて、皆に伝えた。

神の言葉をヒトの言葉に翻訳する非常に困難な仕事を、みきは40歳過ぎてから突然始めさせられたのである。

教団の言葉

集団を強くしようと思ったら、特別な言葉を使わせるという方法がある。言葉を共有すると、自分の思っていることを表現しやすくなり、理解しやすくなる。お互いだけが分かる暗黙の了解が増えてきて、仲間意識が強くなる。求心力が増えると同時に、排他性も強くなる。同じ言葉を使うことで、わけもなく親近感を持つことが出来るし、言葉が違えば、ことによっては、偏見や差別の対象になる。言葉は民族の最も重要なアイデンティティーだから、言葉が違うことで殺し合うことさえする。仲間言葉は、とても楽しいのだけれど、とても怖いものでもある。

宗教は、一つの集団だから、そこだけで通用する言葉をいろいろ持っている。

その言葉に込められた無数の想いが、それを使う人々の中にあって、聖なるものにもなる。

中山みきの天理教は、そういう用語の宝庫である。

教祖であるみきは親神様と呼ばれている。神殿のある町を「おやさと」といい、神殿は「甘露台」を中心に囲んだ「おぢば」と言う。「おぢば」は全人類が発祥した土地であり、天理に行くことを、「おぢばがえり」と呼ぶ。おぢばでは、人々が、ひのきしんをしているのが見られる。「ひのきしん」は日の寄進のことであり、日々のお勤めや労働奉仕、経済奉仕のことを言う。

天理教の特徴は、建築用語が汎用されることである。みきの後を継ぐ教団のトップは真柱（しんばしら）という。大黒柱のことである。高弟たちは「ようぼく」と言うのだが、羊飼いのような名前だとおもうとさにあらず、実は「用木」であり、つまり家を建てるのに必要な木材のことだ。「おふでさき」という教典には、大工用語が頻出する。世の中の建て替えをすると言い、大普請を始めよ、と命じる。みきにとって、建築の言葉で教団を語るのが、最もたやすいメタファーだったのであろう。それは、中山みきの高弟であり、みきの亡き後、憑依してみきの言葉を伝えた飯降伊蔵《いぶりいぞう》が大工だったことも影響していると考えられる。最も早い時期の信者であり、最も忠実な理解者であった飯降が、何くれとなく相談相手になっていたのではないかと、天理教の全き部外者である私は思うのだが、教団の公式の見解は知らない。

みきにとって、神様の言葉をどう伝えたらいいのか、大難問だったわけで、自分と異なる語彙を持つ飯降は、とても役に立つ言葉を教えてくれる人だったのではなかろうか。

言文一致の言葉

40歳の時に神に取り憑かれた中山みきは、70歳になったとき、神の言葉を文字化しはじめた。明治2年のことだ。それが「おふでさき」という天理教の聖典になる。その冒頭。

万世《よろずよ》の世界一列見晴らせど、むねのわかりたものはないから。そのはずや説いて聞かしたことがない、何もしらんがむりはないそや。

日本語は、文章語と口語が著しく異なる。特に江戸時代には、別の言葉といってもいいくらいに違う。

読み書きを習うという。話すこと、聞くことは、誰でもできる。読み書きは、習わなければできない。それは文字を知るということだけではない、実は言葉を知るということでもある。文字に表された言葉は、話し言葉では使われないことが多い。文字言語は、洗練言語である。儒教や仏教について学ぶときには知らなければならない語彙がたくさんある。つまり、知的活動には必要な言語である。

中山みきの神様も、そのような絶対的真理を語りたかっただろうから、できればそのような言葉を知っている人に取り憑けばよかったのだが、そうはいかなかった。というか、中山みきがそういう言葉を知らなかったからこそ、選ばれたのであろう。

中山みきは語らなければならなかった。それも、書いたことのない文章を、綴らなければならなくなった。この日付をもう一度見て欲しい。明治2年。二葉亭《ふたばてい》四迷《しめい》や山田美妙《やまだびみょう》が言文一致運動をはじめるのより20年も早く、奈良の片隅で、こういう試みがなされている。

それにしても大胆である。「そのはずや」という。奈良方言丸出しである。それでも構わず、文字化していく。ただ、純粋に口語をそのまま文字化したわけではない。彼女は和歌の形式、つまり五七五七七の形にする。完全な散文を書くことはしなかった。それは出来なかった、というほうがいいかもしれない。私たちの時代からすれば、和歌形式にする方がよほど難しかろうとおもうのだが、みきにとっては、和歌の形式でなければ、書かれた文章として成立しなかったのだろう。

宗教的な言語として「おふでさき」は扱われるが、しかし、古方言の資料として、また日本語の言文一致の資料として大変重要である。そうしてなにより、五七五という形式が、彼女の思考に形を与えることが出来たという事実は、日本人の言語や思考の原型的なものとしての七五調を考えるきっかけにもなるであろう。

唄う言葉

天理教の中山みきは、言文一致体の和歌集である「おふでさき」に先立つこと

3年前、「みかぐらうた」という数え歌形式の簡単な教義の歌を教えている。「あしきをはろうてたすけたまえ」ということばで始まる、天理教の儀礼の中で唱えられる最も中心的なことばである。みかぐらうたには、民謡のような独特なメロディーと、手踊りと呼ばれる手振りが付けられている。天理ではおつとめと称して、これが朝夕二回、一斉に行われている。

みきは初め、弟子たちにどのように唄うべきか、踊るべきかをやらせてみて、おもむろに、自分にとって正しい唄い方、踊り方を教えたという。たぶん、どのようにすべきか、みき自身にも迷いがあったのだろう。後年、みきの在世中に、これには更に楽器が付け加えられ、規定の演奏の仕方、踊り方が定められるに至った。しかし、なぜことばだけではいけなかったのか。なぜ、曲や踊りが必要だったのか。

みきが民謡に親しんでいたことは自然に推測できる。ことばだけでは心もとなく思えたのかもしれない、と単純に考えることも出来る。しかし、もう少し考えてみる。

世の中のことばは、一般的には、会話の中で使われる。会話は常にその前後関係の中で意味を保証される。コンテクストに依存している。しかし、例えばこの『ことばのことばっかし』は、時間的前後関係とは独立して、常に同じ形で存在している。コンテクストからはある程度、独立している。筆者と読者とには、会話では必要である個人的な関係が、全く必要ない。その意味で、人間関係というコンテクストからも独立している。

みきは神のことばを忠実に伝えなければならない。それに変化があっては困る。みきにとっての、コンテクストから独立した文は、歌しかなかったのだろう。歌は、どのような場面で唄われても、作品であるから、変化することが少なくてすむ。

しかも、歌になれば、踊りが付けば、ことばはことばだけではなく、身体的な感覚も包み込むことになる。みきにとって神は、全身で受け止めるような感覚だったのであろう。それはことばごときに表せるものではない。神の感覚を表現するのは、ことばに身体を付け加えたものでなければならない。そうした全身性こそが、みきの感じた神であり、人々に伝えたかった神であるのだろう。みきは意識せずに、そのように思い、歌や踊りを付け加えていったのだろう。

金光の言葉

奈良で中山みきが天理の神様のことばを語り始める少し前、岡山の倉敷の近所で、やはり神のことばを語り始めた人がいた。赤沢国太郎《あかざわくにたろう》という、農民だった。彼の少し前には、岡山市近郊で黒住宗忠《くろずみむねただ》という神官が、やはり神のことばを伝えはじめた。明治の中期には、出口《でぐち》なおが、神様と話し始める。

この時代の西日本には、神様があちこちに何度も降りてきて、真面目で勤勉な人々に取り憑いて、いろいろと苦しめることが多かったのだ。それも、若い人にではなく、それぞれ立派に一家を切り盛りしている普通の中年男女である。地理的な、あるいは歴史的な事情があるのかもしれないけれど、それにしても不思議である。

赤沢国太郎の場合、中山みきよりは、書きことばを書くことが出来た。近所に住む知識人の下で読み書き算術を習っている。しかし、期間は足かけ2年というから、たかが知れている。そうして、覚書という文書を作った。

金光《こんこう》教団はその後大きくなって、さまざまな出版物を作るのだが、ことばに対して相当意識的である。公式に『金光教典用語集』という辞典まで出ていて、私のような、言葉にしか興味のない不届きな人間には、たいへん便利である。

「あいよかけよ」という、金光ではキーになる語がある。用語集の説明は、「神と人、人と人との関わり合い、特に相依・相補的、互助的関係のあり方を表現することば。備中地方（岡山県西部）の古い方言であるとされ、瀬戸内から四国にも同様の表現が見られる」とあって、教典中では4回使われていて、それぞれの場合の解釈、また教祖死後のさまざまな指導者たちによる解釈の変遷まで書かれている。

用語集を見ていると、最も多いのは、農業に関わることばである。中山みきは、農家と言っても庄屋であり、商業的、市場的な取引はあっても、生産の現場からは離れている印象がある。むしろ、高弟の大工から学んだ民間建築用語が多いことが特徴的である。赤沢は、自ら耕地を広げる農民だったので、素朴なことばしか使えない。

しかし、その素朴なことばであることが、当時の周囲の人々に、素直に受け入れられ、説得力をもち、人とは違う神の意思を伝えるものとして、大きく心を揺さぶり、巨大な力を持ったのであろう。

強いことばは、今の時代は生まれにくいかもしれない。

15章　20万年のことば

脳の中にいる言葉

前章では、天理教を中心にして、明治維新前後に現れた神様の言葉を扱ってきた。ここで、彼らに取り憑いた神様について考えておきたい。

ある人に神様が取り憑く、ある人に神様が降りてくる、そのような経験を中山みきそのほかの人たちがした。それは一体どういうことだろうか。

私は科学的な人間ではないと自負しているが、しかし、一応俗世の人間で、奇跡というようなことを信じるものではない。「神様」というものがあって、それが人に取り憑くということも信じているわけではない。しかし、何人かの人々は、中山みきをはじめとして、自分に神様が語り聞かせるのだ、という。金光教では、神の言葉を「取り次ぐ」のである。神と話が出来るのである。今でも修行を積んだ人々が、普通の人と神様との仲立ちになって、いろいろと相談を受け、神の答えを教えている。

そこにいる神様とは、一体どんなものなのか。

人間以外に、そこにはいない。人間以外の人格を持つような超自然的存在があるとは信じられない。

しかし、かなりの人々が、「神様」がいると言う。そうとしか思えないと、彼らは言う。

私がそこで唯一出せる結論は、神様は、その人の脳の中にいる、という考え方である。

ホモ・サピエンスは、20万年とか25万年とかの歴史を持つ。アフリカの東にある大地溝帯で、ホミニドから進化して生まれた。全ての人類の先祖はそこにいた。天理教であれば、さしずめ、「おぢば」とも言うべき場所である。

このオヂバを中心にして、少なくとも15万年間、ホモ・サピエンスは動かなかった。ずっとその周辺で生息していた。今であれば、絶滅危惧《きぐ》種に指定されるかもしれない、心細い動物である。

その間、彼らは、ある程度生得的に指定された行動以外のことをしなかった。火や道具を使うにしても、あまり効果的ではなかった。なにより、言葉を持っていなかった、と考えられる。そこで彼らを動かしていた謂わば本能とでもいうものが、実は「神様」なのではないかと、私は推測するのである。

ホモ・サピエンスの脳の中に宿っている本能が、明治維新前後に、突如雄弁に自らを語り始めたのではないかと考えるのである。

地球制覇の言葉

先日の世界陸上で不思議なシーンを見た。女子1万メートルだったか、ケニア、エチオピア、タンザニアの選手たちが走っていた。この3つの国を聞いて、あれれ、と思うのは、人類史を知っている人たちである。

彼らの国のある地域こそが、人類発祥の地と言われる、アフリカの大地溝帯だ。彼らは人類発祥の地、最も古くから進化している人々であり、更に人類が進化するとすれば、その地をおいて他にないようなところなのである。

その地の人々が、足が速いということは、もし人類が進化するとすれば、それは脳の部分だけでなく、足の速い人になる可能性もある、ということなのだ。そこで生まれた新人類は、ホモ・サピエンスではなく、ホモ・ランナースとかいう名前になって、この地球上を制覇し、我々旧人類を駆逐するかもしれない。ホモ・サピエンスが生まれてすでに20万年。そろそろ、違う進化形が現れてもおかしくはない。ホモ・サピエンスは、頭でっかちで、自らの首を絞めるようなことしかしない。次の人類は、もっと賢く立ち回って、私たちがうまく出来なかったことを、次々と解決してくれるかもしれない。1万メートルを駆け抜ける彼女たちは、その新人類の先駆けかもしれない。

それはともかく、15万年間、ホモ・サピエンスは、アフリカで暮らしていた。その前、遡ること37億年、地球上に生命が誕生した。私たちも生命体の一つである。生命体としての私たちをヒトと呼ぶことにする。

次に、20万年前に生まれた生物種としての私たち、これをホモ・サピエンスと呼ぶ。

更に、言語を得た私たち。言語により全地球を制覇した後のそれを、人類と呼ぶ。

そうして、今から5000年位前から、鉄や文字や貨幣やクニや神が創り出された。その時代から後の私たちを、人間と呼ぶ。

こうすると、私たちの中には、ヒトの部分、ホモ・サピエンスの部分、人類の部分、人間の部分が、層になって積み重なっていると言える。人間の部分は、ほとんどが後天的な獲得形質だから、普遍的であるとはいえない。人類の部分は、ある程度の地域差があって、完全な共通性を持たない。しかし、ホモ・サピエンスは、共通性が高い。何しろ生息空間が狭い。しかも、15万年と、かなり長い間生き延びてきた。だから多分、強い。ホモ・サピエンスの価値観は、地球上の誰もが持っており、誰もが納得する価値観であるはずだ。これは、神様の言葉にふさわしい。

まだ生まれない言葉

20万年から25万年位前に、ホモ・エルガステルというホミニドから、二つの系列が分かれたという。一つはネアンデルタール人で、早々とヨーロッパへ進出（逃亡？）した。残ったのがホモ・サピエンスで、その後15万年間、アフリカの大地溝帯を中心にして暮らしていた。

個体数がそんなに多かったとは思えない。絶滅危惧種と言っていいような状態で、細々と暮らしていたにちがいない。彼らはやがて言語を持つに至るのだが、まだ、それは先の話である。彼らは、それまでの動物種と異なる身体的特徴があった。それは脳の容量である。

脳の大きさと、賢さは、関係がない。大きさだけであれば、鯨などは巨大な脳を持っている。問題は、体重との比率である。

ネアンデルタール人もかなり高い比率を持っていたが、ホモ・サピエンスは、特別にその比率が高かった。その脳は、遺伝的な特質として、ホモ・サピエンスに与えられたのである。脳を使うことは、本能であると言っていい。なぜならそれは、ヒトに与えられた、遺伝形質なのである。

速く走れる脚を持って生まれた馬は、速く走ることを生理的に欲求するだろう。同じように、使うべき頭脳を持って生まれてきた生物は、その脳を目いっぱい使うことを本能的に求めるに違いない。

私たちは本能に基づいて、暮らしてきた。

機械を作り、便利になり、月に行き、宇宙の果てを想像し、遺伝子の仕組みを知り、その操作によって新しい生物を作り出し、脳の中の仕組みを分析し、その電気回路を解明し、コンピュータ上に移し変え、さらに、自分たちが生まれた理由を知りたがり、何のために生まれたか、何のために死ぬのか、考えても仕方のなさそうなことを必死に考え、挙句に自ら生命であることを放棄し、自殺することも日常的に絶えないヒトという生命体は、脳を使う、という本能に基づいて生きているにすぎない。

もし私たちが、私たちの作り出した道具、たとえば核爆弾で滅びるとしても、あるいはむちゃな工業化による環境破壊によって死に絶えるとしても、それは、脳を与えられたヒトの宿命なのであって、自然のながれなのである。恐竜がその巨大な身体によって滅びたように、マンモスがその牙や体毛によって滅び去ったように、私たちは脳によって滅びる。すべての人為は、自然なのである。

言葉をまだ持たないホモ・サピエンスがアフリカにいた。15万年間暮らしていた。

言葉未満の言葉

ホモ・サピエンスがアフリカで生まれて、そこから全地球に出て行くまでの15万年間、ずっと狭い地域に住んでいて、どんな暮らしをしていたのか。それが知りたい。

住んでいたのは洞窟であるだろう。

家のようなものを作っていたとは、とても思えない。

彼らの身体条件は私たちと同じである。非常にか弱い。

私たちより足が速かったり、目がよかったりするかも知れないが、原則的には、ほとんど差がない。嚙まれたりすると、すぐに傷がつく。強い歯や堅い爪があるわけではない。武器がない。だから、眠るときの安全を確保するためにも、洞窟状態の居所が、必要であろう。

着るものは、毛皮である。

それ以外に織物があったという証拠が発見されていない。

5万年以降であれば、衣類が見つかっているのだが、アフリカではない。だからほとんど裸族である。

食べるのは木の実や根などの炭水化物、脂肪、たんぱく質。

葉はカロリーが低く、脳を動かすエネルギーに足らない。脳だけで、全体の20%のカロリー消費量を必要とされる。根や実など、カロリーの高いものが必要である。

獣は、弱いものを捕獲する。倒せるほどの武力はない。石の道具を使っていて、投げたりすることもあったかもしれない。松坂のようなコントロールのいい剛速球を投げる者もいて、獣を倒し、英雄と称され、伝説的になる者もいただろう。

しかし、倒せたからといって、それをそのまま食べられるとは限らない。他に、もっと強い野獣がいて、奪い合ったらかなわない。彼らの食べ残しを、ハイエナに混じって、おこぼれ頂戴をする。

ホモ・サピエンスは、一つ強い道具があって、石である。これは武器と言うよりもむしろ食器である。

ホモ・サピエンスは、石を使って、骨の髄を叩き壊して食べることが出来た。髄には栄養がたくさん含まれていて、これを食べられるのは、石器をもっていたホモ・サピエンスだけだった。道具として、形を加工し、使いやすいように工夫した。

さまざまな工夫をしたに違いない。

工学能力、博物能力、対人社会能力はあった。お互いに、いろいろ伝え合った。言葉なしで、彼らは何を伝え合うことが出来ただろう。

動物との言葉

今、ペットブーム。人間とは無理でも、せめてペットとは篤《あつ》い信頼関係を結べると信じている人が多いのだろう。

私の家にも人間以外に、イヌとネコが一匹ずついる。一日の仕事を終えて家に帰りついたとき、メスの犬は、あられもない格好をして、仰向けになって喜びを示す。ネコは誰が帰ってきたのかというような顔をして、ほんの少し愛敬を振りまく。つくづくと、気分が緩む。「ただいま」などとあいさつさえしたくなる。

私が彼らの名前を呼ぶ。すると大喜びで飛んでくる。餌をやったか、などと家人と相談しているだけで、もう餌皿のところへ行ってそばで待ちはじめる。彼らのほうでも、人間の言葉がわかっているように感じられる。

世の中には、トカゲやクモ、果てはミジンコなどをペットにして、嬉しそうに話し掛ける人もいる。ちゃんと話ができると主張する。

そうした生物に人間の言語に当たるものは発見されていないし、これから見つかるとも思えない。たいていの場合、人間の勝手な思い込みにすぎない。

ミジンコの立場から考えてみよう。ミジンコ同士が満足に意思疎通を行っているように思えない。同じ仲間であるミジンコとコミュニケーションできないものが、どうしてちがう動物である人間とコミュニケーションできるだろうか。

動物が伝えあっている意味を、状況依存的意味という。彼らは、その動き、しぐさや声の調子、時には体の匂いやなめる、嚙むなどの触覚によって、お互いに気持ちを伝え合っている。

そして、怒っているとか、甘えているとか、悲しんでいるとか、愛しているとかを伝える。少なくとも哺乳類であれば、そうしたことを一般的に行っている。ヒトは動物の一種であり、同じ動物、同じ哺乳類として、彼らと同じようにコミュニケーションできる遺伝子を持っている。感情を表現する方法をある程度、哺乳類たちと共有している。この哺乳類レベルでのコミュニケーション能力は、人間同士でのコミュニケーションの基本にもなっている。

言葉というのはコミュニケーションにおいて、とても大切なものである。しかし、もっと重要なのは、言葉がなくても出来るこのレベルでのコミュニケーション能力である。

生物の言葉

20万年前に誕生し、15万年間、アフリカにだけ住んでいた私たちホモ・サピエンスは、どのような方法でコミュニケーションをしていたのか。まだ、言語はなかった。

言葉でコミュニケーションをするときに、二通りのものがある。一つは、いわゆる言語である。例えば突然東欧の言語で書かれたメールが送られてきたとき、私にはそれを理解することは全く出来ない。しかし、実際にハンガリーに行って、ブダペストの町中で彼らがしゃべっているのを見ていれば、彼らが何を伝えているのか、大体分かってしまうだろう。嬉しそうだとか、困っているのだろうとか、相談しているとか、口説いているとか。

以前、意味が分からないのになんとなく分かってしまう外国語の歌という問題を取り上げた。チェッチェッコリ・チェッコリッサ、というCMが流行っていた頃である。私たちは何が歌われているのかを知らないくせに、もっと高尚なもの、ホセ・カレーラスは泣かせるとか、パバロッティは都会的だ、などと批評できてしまう。それは、コトバのデジタルな部分を聞いているのではなく、その声や調子、人柄や感情など、声にまつわるアナログな部分を聞いて判断している。つまり、「気持ちで」理解する、ということをしているのだ。

言語は後天的に獲得されるものであり、習ったことのない言語は理解不能である。しかし、その違いを超えて、ある程度普遍的に理解が可能であり、共有する部分が私たちにはある。それを、アナログな言葉と呼ぶ。

泣き声、笑い声、うめき声、わめき声、叫び声、あるいはため息、悲鳴、怒声……。これらはホモ・サピエンスに共通している。細かな違いはあるけれど、基本的に共感可能な部分なのである。

ホモ・サピエンスは、生物の一種である。サルやイヌなどの生物はそれぞれ独自の鳴き声を持つ。であれば、ホモ・サピエンスにも、鳴き声があるはずだ。それが、このアナログな言語である。サルやイヌが、種が共通であれば、すぐにでもコミュニケーションできるように、人間もバベルの塔以前、アフリカの隅っこで、シニフィアンとシニフィエが恣意的でない言葉、先天的に組み込まれた鳴き声、すなわちアナログな言語によって、15万年間、お互いの気持ちを表現しあい、解釈しあっていたのだろうと思う。

不自然な言葉

ある音や形が、それ自身、そのまんまというのではなく、他の何かの意味を持ってしまうことがある。今読まれている文字は、本当はインクの染みにすぎないのかもしれないのだが、インクの染みだけを見ているのではなく、その染みの意味する「文字」を読み、文字の表すことばの「意味」を受け取っている。

ことばは意味を運ぶものと、運ばれている意味の二つの部分からなる。これをシニフィアン、シニフィエというわけだが、私たちが5万年前に発明した「言語」は、この二つの関係が恣意的であり、社会慣習的に決定されているという点で、それ以前に使われていたアナログな叫び声だのうめき声とは決定的に異なっている。

以前、自動車が発しあう自然発生的な言語について触れた。例えば、横を走っていた車が突然前に割り込んできて、ハザードランプを点滅させる。「割り込ませてもらってアリガトね」というわけだ。

走っていて、止まるわけでもない。しかしハザードランプが点くからには、何かを伝えたいに違いない。この状況でのハザードランプの点滅は、不自然であり、しかも意図的行為である。これを見た人は、それを何かの意味を運んでいるに違いないと考え、その意味を見つけようとする。解釈しようとする。ハザードランプの点滅は、シニフィアンの資格を持つ。

人にとって最も自然な発音は母音であり、叫び声やうめき声は母音の発音法で発せられる。子音ではMやPが幼児にとって最も早く習得されるということから、一番簡単であると言える。

しかし世界中の言語で、最も多く使われている言語子音は、T音やS音であるという。一般的な子音のうち、口の運動で最も難しいのはT音やS音であるという。T音やS音は、人にとって最も不自然な音なのである。だから、私たちは、人の口からT音やS音が発せられたとき、そこに不自然さと意図性を感じ取り、何かの意味を伝えているのではないかと詮索し始める。

20万年前から、人は母音と幾つかの子音で、アナログな感情表現を行っていた。

5万年前に私たちは、音と意味とが恣意的に結びついた「言語」を使い始める。

その最初には、とても不自然で、しかし何かを伝えたいという気持ちのいっぱい詰まった言語音があったのではないかと推定されるのだ。

本作品は『ことばのことばっかし』（二〇一〇年二月
マガジンハウス刊）を改題し加筆したものです。

中公文庫

金田一先生《きんだいちせんせい》のことば学入門《がくにゅうもん》

2016年9月25日　初版発行

著　者　金田一秀穂《きんだいちひでほ》

発行者　大橋 善光

発行所　中央公論新社
〒100-8152　東京都千代田区大手町1-7-1
電話　販売 03-5299-1730　編集 03-5299-1890
URL http://www.chuko.co.jp/

ＤＴＰ　ハンズ・ミケ
印　刷　三晃印刷
製　本　小泉製本

Published by CHUOKORON-SHINSHA, INC.
Printed in Japan　ISBN978-4-12-206286-3 C1181

各書目の下段の数字はISBNコードです。978－4－12が省略してあります。

中公文庫既刊より

お-10-5
日本語はどこからきたのか　ことばと文明のつながりを考える
大野　晋
日本とは何かを問い続ける著者は日本語とタミル語との系統的関係を見出し、日本語と日本文明の発展の歴史を平易に解き明かす。〈解説〉丸谷才一
203537-9

お-10-6
日本語はいかにして成立したか
大野　晋
日本語はどこから来たのか？　神話から日本文化の重層的成立を明らかにし、文化の進展に伴う日本語の展開と漢字の輸入から仮名遣の確立までを説く。
204007-6

お-10-3
光る源氏の物語（上）
大野　晋
丸谷才一
当代随一の国語学者と小説家が、全巻を縦横無尽に読み解き丁々発止と意見を闘わせた、斬新で画期的な『源氏論』。読者を難解な大古典から恋愛小説の世界へ。
202123-5

お-10-4
光る源氏の物語（下）
大野　晋
丸谷才一
『源氏』は何故に世界に誇りうる傑作たり得たのか。詳細な文体分析により紫式部の深い能力を論証する。『源氏』解釈の最高の指南書。〈解説〉瀬戸内寂聴
202133-4

ま-17-9
文章読本
丸谷才一
当代の最適任者が多彩な名文を実例に引きながら文章の本質を明かし、作文のコツを具体的に説く。最も正統的で実際的な文章読本。〈解説〉大野　晋
202466-3

み-9-7
文章読本
三島由紀夫
あらゆる様式の文章・技巧の面白さ美しさを、該博な知識と豊富な実例と実作の経験から詳細に解明した万人必読の文章読本。〈解説〉野口武彦
202488-5

た-30-28
文章読本
谷崎潤一郎
正しく文学作品を鑑賞し、美しい文章を書こうと願うすべての人の必読書。文章入門としてだけでなく文豪の豊かな経験談でもある。〈解説〉吉行淳之介
202535-6